AF494629

LE

CHRONIQUEUR

DÉSŒUVRÉ.

LE CHRONIQUEUR DÉSŒUVRÉ, OU L'ESPION DU BOULEVARD DU TEMPLE,

Contenant les annales ſcandaleuſes & véridiques des Directeurs, Acteurs & Saltinbanques du Boulevard, avec un réſumé de leur vie & mœurs par ordre chronologique.

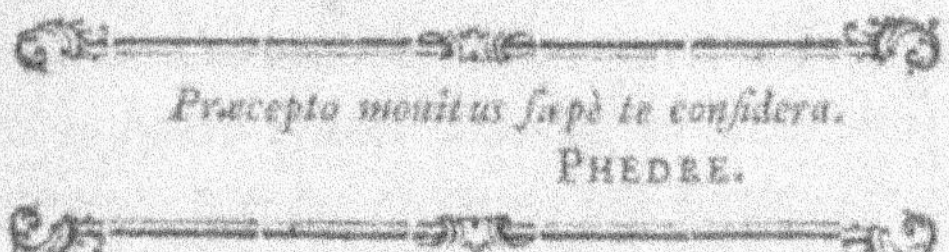

Præcepto monitus ſæpè te conſidera.
PHEDRE.

Deuxieme édition, revue, corrigée & augmentée par l'auteur d'un ouvrage qui paraîtra inceſſamment ſur les grands ſpectacles.

LONDRES.

1782.

(par Mayeur de Saint-Paul)

ÉPITRE
DEDICATOIRE,
AU PUBLIC DE PARIS.

O *toi, que tout auteur, tout inventeur & tout être qui s'isole, englobe en un seul individu; mais qui n'en a pas moins huit à neuf cents mille têtes, & par conséquent à-peu-près seize à dix-huit cents mille oreilles & autant d'yeux!... je dis à-peu-près; car tout auteur, tout inventeur & tout être qui s'isole, sait assez que tu es par fois un peu sourd, un peu borgne, & souvent même un peu aveugle; mais que ces accidens ne sont, le plus souvent aussi, que de vraies malices de ta part. Toi donc, qui as toute la bonté réunie à toute la méchanceté, daigne, pour moi, écarter aujourd'hui toute celle-ci, & ne conserver que celle-là. Je veux t'entretenir d'un des objets qui t'intéressent le plus. Je sais que, de quoi que ce soit que l'on te parle, le premier pas à faire pour t'intéresser est de commencer par te plaire. Puissé-je y réussir! Je vais te parler d'une des plus grandes parties de tes plaisirs & des êtres qui s'y consacrent, ou par liberté... disons le mot..* libertinage, *ou par paresse, ou par l'enchaî-*

nement des circonstances, ou enfin par le besoin de faire un métier quelconque. Puissé-je, en t'entretenant de tes plaisirs, du tems, & de ceux qui en sont les artisans, te faire bien connaître & les uns & les autres, & te les faire apprécier à leur juste valeur! Si j'y parvenais, mon zele en te servant m'aurait bien servi moi-même: je serais satisfait & récompensé au-delà de mes espérances. Je l'entreprendrai donc, même au risque d'échouer; mais quel qu'en soit le succès, je serai toujours bien glorieux de l'avoir tenté, & tu me trouveras, en tous les tems, ton plus zélé & ton plus affectionné serviteur & ami,

LE CHRONIQUEUR, &c.

AVANT-PROPOS.

On a, dit-on, fait le reproche à mon livre d'être mal écrit: cela ſe peut; on aurait même encore pu m'ajouter, avec ce ſavant Romain : *Volo priùs habeat orationem de quâ dicat, dignam auribus eruditis, quàm cogitet quibus verbis, quidque dicat aut quomodo. M. Tullii Cic. ad Marcum Brutum Orator. cap.* 34. Mais j'ai meſuré mon ſtyle à la force d'entendement & de connaiſſance de ceux qui devaient me lire. On voit que je veux parler ici des hiſtrions, qui, les trois quarts, ne ſavent ni lire ni écrire. Il a donc fallu, malgré moi, leur préſenter une élocution à leur portée. Des phraſes arrondies & cadencées, des mots techniques & choiſis euſſent été pour eux de l'hébreu : & je l'avouerai, à la honte du public, je ne ſoupçonnais point du tout qu'il lirait ce qui ne paraît intéreſſer que des batteleurs & des ſaltinbanques. D'ailleurs, n'ayant pas préſidé à l'impreſſion de cet ouvrage, je n'ai pu faire diſparaitre une infinité de fautes typographiques, qui ne ſubſiſteront plus ici. Mais quant à l'ouvrage, il ſera le même à quelques choſes près, & aux additions que j'y ai faites; car les travaux conſidérables que j'ai entrepris, & que je dois livrer inceſſamment, m'ôtent les moyens de le refondre. Il faudra, cher lecteur, vous contenter encore de celui-ci pour cette fois; je prends engagement avec vous, parole d'honneur, de vous livrer cet ouvrage ſous une autre forme & dans un autre ſtyle à la troiſieme édition. Alors je ſuivrai l'exemple de Virgile, qui appellait *lécher l'ours*, les corrections qu'il faiſait à ſes ouvrages. *Cùm Georgica ſcriberet, traditur quotidie meditatos manè plurimos verſus dictare ſolitum, ac per totum diem retractando ad pauciſſimos redigere; non abſurdè, carmen ſe urſæ more parare dicens, & lambendo demùm effingere.* In Virgilii vitâ.

Je diſais donc que je ne penſais pas que l'homme honnête me lût. Mais il eſt évident qu'il ne faut plus s'étonner de rien dans ce siecle où tout a changé du blanc au noir, où le plaisir électrise toutes les têtes, où la folie tient son empire. Dans le siecle précédent on cherchait à s'instruire : dans celui-ci, on ne veut plus que s'amuser. Le poëte, le philosophe, l'artiste, l'historien obtenaient les faveurs des grands : aujourd'hui ils semblent aux yeux des grands, des objets ridicules & ennuyeux ; ou, s'ils se servent d'eux, c'est (s'il m'est permis de m'expliquer ainsi) comme d'un mouchoir dont on fait usage pour satisfaire un besoin, & qu'ensuite on jette à l'écart. Pourquoi ce changement ? parce qu'on n'est plus éclairé, parce qu'on néglige de l'être.

La bonne compagnie n'aurait-elle pas rougi, il y a seulement vingt ans, d'être surprise au spectacle de Nicolet ? Cependant, me direz-vous, depuis l'établissement de ce théatre, j'y ai toujours rencontré des gens de marque. Soit ; il y a toujours des fous : mais comment ces mêmes fous y entraient-ils ? comme dans ces lieux banaux où l'on va ſacrifier à Vénus, en ſe cachant le nez dans ſon manteau. Maintenant, c'eſt un rendez-vous connu, on ſe glorifie même d'y avoir une loge à l'année, comme aux grands ſpectacles. Et vous n'en rougiſſez pas, habitans de cette bonne ville de Paris, qui prétendez vous donner pour la quinteſſence du génie & des mœurs? J'en rougis moi pour vous. Mais, c'eſt mon lot, je n'en murmure pas; de tous les tems le philoſophe a rougi des ſottiſes de ſa patrie.

LE CHRONIQUEUR DÉSŒUVRÉ, OU L'ESPION DU BOULEVARD DU TEMPLE.

INTRODUCTION.

J'AI toujours entendu dire qu'il fallait prendre ſon plaiſir où on le trouvait ; le mien, de tout tems, a été de me mêler des affaires des autres, de les publier même au riſque de leur être préjudiciable. Vous allez dire avec Théophraſte, que ce caractere eſt odieux, que je ſuis un être déteſtable, fait pour être fui & banni de la ſociété. Soit, banniſſez-m'en; j'en aurai plus de loiſir pour dire de vous tout le mal que je ſaurai. Mais vous ne pourrez pas vous donner cette ſatisfaction; car je me garderai bien de me faire connaître. Je ſais encore *qu'un écrit clandeſtin n'eſt pas d'un honnête homme*, que Greſſet l'a dit, qu'on l'a répété un million de fois après lui: mais je ſuis du régiment d'Anjou, & vous ſavez le cas que ces lurons-là font des remontrances. Ainſi donc votre plus court parti eſt de ne point chercher à déchirer la gaze qui me couvre, de vous amuſer de mon bavardage, qui, je ſuis aſſuré, vous cauſera plus d'une inſomnie. La ſatyre porte naturellement avec elle un certain charme qui invite toujours à l'écouter: même, ſans qu'on s'en apperçoive, on ſe familiariſe à l'entendre, & on finit par la trouver un aliment néceſſaire à la gaieté, le plus précieux baume de la vie.

C'eſt moi qui ai fourni à Mercier les traits les plus ſaillans qu'il a répandus dans ſon *An deux mille quatre cent quarante*, les réflexions les plus piquantes qui lui ont ſervi à compoſer ſa nouvelle brochure intitulée le *Tableau de Paris*. J'ai travaillé pendant ſix années conſécutives *aux Mémoires ſecrets*, qui viennent d'être interrompus depuis la mort tragique de Mairobert. Ce ſont, pour ne point vous en imposer, les articles que j'avais rassemblés pour ce travail qui me restent, & qui vont paraître dans ce petit ouvrage. Mais les anecdotes que je vous donne aujourd'hui ne s'étendent guere que depuis la rue de l'*Ancri* jusqu'au *Pont-aux-Choux* : c'est dans cet espace qu'elles ont pris naissance ; c'est dans ces lieux qu'elles doivent être chantées ; & j'espere que cette production m'obtiendra l'honneur d'avoir un jour ma statue élevée au milieu du boulevard du Temple, comme on plaçait dans la bibliotheque d'Apollon, bâtie par Auguste sur le Mont-Palatin, les bustes des poëtes célebres qui y portaient leurs ouvrages.

CHAPITRE PREMIER.

De moi.

COMME je demeure sur le boulevard du Temple, personne n'est plus que moi à portée de savoir ce qui s'y passe. D'ailleurs je suis connu de tous les histrions qui le composent ; je suis même assez bien avec les actrices, & quelques-unes ont été assez complaisantes pour avoir des bontés pour moi. Ces beautés m'ont, à la vérité, porté quelquefois des bras de la volupté dans le laboratoire d'Esculape, & je n'y allais pas, comme Denis le tyran, pour y dérober sa barbe d'or. Mais, toujours indocile, la quarantaine passée, le plaisir d'une heure me faisait oublier six semaines de régime. Ce qu'il y a de plaisant pour ceux des acteurs des boulevards qui me liront, c'est qu'ils ne pourront, je les en défie, me reconnaitre, quoiqu'ils me connaissent beaucoup. Je puis même encore leur faire mon portrait, sans risquer d'être découvert. Ma taille est ordinaire, ma tournure entre la noble & la bourgeoise, mes manieres aisées, mes jambes un peu arquées, mon regard vif, quoiqu'avec de petits yeux ombragés d'un sourcil très-épais : le sourire toujours sur les levres, qui, je puis dire sans vanité, sont assez vermeilles : pour les dents, il ne me reste plus que celles de devant, toutes les grosses étant tombées, ce qui me creuse un peu les joues ; mais haut en couleur, & avec beaucoup de cheveux crépus, d'un châtain clair, un air martial, & vingt-six ans. Plusieurs prêtresses de Vénus m'ont dit que je pouvais encore passer pour un des bons ministres de son temple. Ainsi, mes chers acteurs, actrices & directeurs du rempart, de qui je vais m'occuper désormais, quand vous lirez ici une anecdote que vous croyiez bien secrete, parce qu'elle se sera passée dans l'intérieur de votre maison ; dans votre surprise, considérez bien tous ceux qui vous entourent, feuilletez dans votre imagination, je suis sûr que vous ne me devinerez pas : & quand même dans votre énumération vous me nommeriez, ce ne sera pas sur moi que vous arrêterez vos doutes, j'en suis certain. Le rôle que je joue dans vos cafés, dans vos spectacles & sur vos boulevards, est bien loin d'attirer sur moi la moindre apparence d'auteur de cet ouvrage. Croyez-moi, au lieu de vous casser la tête, appliquez-moi plutôt ces beaux vers sur Dieu :

Loin de rien décider sur cet Etre suprême,
Gardons, en l'*écoutant*, un silence profond :
Son *secret* est sans borne, & l'esprit s'y confond.
Pour savoir ce qu'il est, il faut être lui-même.

CHAPITRE II.

J'entre en matiere.

MON dîné fini, j'arrive aux boulevards : si le tems est beau, quel coup-d'œil agréable ! Deux triples rangées de chaises occupées par autant de Vénus que d'Adonis : que de bons mots dits, rendus, de fines agaceries ! quelle ample matiere d'anecdotes nouvelles à donner au public ! Car le neuf plait aujourd'hui ; c'est le seul appas qui nous attire. Les femmes ne le savent que trop. Sans ce goût qu'elles nous connaissent, prendraient-elles, pour le plaisir de nous plaire, la peine de se parer & de se peindre, ou de tâcher chaque jour d'offrir à nos yeux aussi blasés que nos tempéramens, une nouvelle coeffure qui les réveille, & toujours plus voluptueuse que la précédente ? L'hérisson leur donnait un air boudeur, & vîte la coëffure à l'enfant. Celle-ci plus séduisante appelle le plaisir que l'autre repoussait, & elles y trouvent mieux leur compte, beaucoup mieux encore qu'avec celle où on les voyait couvertes de panaches énormes, qu'elles ont quitté, dit-on, parce qu'un jour un mauvais plaisant s'avisa de dire qu'elles portaient les plumes des dindons qu'elles avaient plumés : il y en avait qui ne se fâchaient pas de ce sarcasme, parce que beaucoup de diamans & un brillant équipage les en dédommageaient : mais celles qui s'en retournaient sans *chevalier*, malgré tout leur étalage, trouvaient cette épigramme détestable, quoiqu'elle n'accomplît point la plaisanterie de notre satyrique. Enfin, c'est une grande satisfaction que de voir toutes ces belles passer çà & là, vous clignoter d'un œil assassin, une autre vous faire remarquer, en affectant de rire, une petite bouche qu'elle pince en retirant ses joues ; une autre

autre ferrant de fes deux mains fon mantelet pour montrer l'élégance de fa taille ; celle-ci dans fa voiture, un élégant à fa portiere, qui tout en ricanant lui déclare le feu qu'elle a fu lui infpirer, tandis que par-deffus fa tête parfumée de l'odeur la plus forte, & accompagnée de plufieurs boucles flottantes, elle fait des fignes à d'autres qui paffent devant elle. Quel agréable tableau ! O Athenes, tu crois ne plus exifter, & l'on te retrouve chaque jour fur nos boulevards !

CHAPITRE III.

Le café Turc.

Après avoir joui quelques inftans de cette bigarrure, j'entre au café Turc. Là, je caufe un moment avec la limonnadiere, fi elle eft feule ; car prefque toute la journée on la trouve jafant avec un certain officier ruiné, couvert d'un méchant habit noir, mais la dragonne à l'épée, la cocarde au chapeau ; enfin, une efpece de croc qui, je penfe, a l'air de lui faire les yeux doux pour lui foutirer quelques écus. Ce qu'il y a de certain, c'eft qu'on m'a affuré que cette femme, quoique vieille & fanée, avait encore le ridicule amour-propre de vouloir plaire. Si, comme on le dit, cette femme a cédé sa boutique à Lavrillat, son premier garçon, & qu'elle n'occupe ce comptoir que jusqu'au moment où ce garçon se sera marié, qu'il se marie donc vite, car ses intérêts sont trop en danger entre les mains de cette vieille coquette, qui, à coup sûr, le vole pour payer la complaisance de son adorateur. J'en suis d'autant plus fâché, qu'on dit mille biens de Lavrillat. Mais revenons à ce café, le plus joli du boulevard, où la bonne compagnie ne rougit point d'entrer, & le seul où l'on puisse mener une femme honnête. Tout ce qu'on y sert y est délicieux. Les glaces sur-tout ne peuvent se comparer qu'à celles du Palais-Royal : aussi m'y en voit-on prendre souvent. Je vous avouerai même, mon cher lecteur, que je trouvai si bonne la derniere que je pris ici, que je ne pus résister au desir de faire des vers à sa louange. Des vers sur une glace, me direz-vous ? cela est extravagant. Et pourquoi ? Sedaine en a bien fait sur son *habit*, Dorat sur des *tetons*, le chevalier de Cubieres sur l'*oreille de sa maitresse*, &c. &c. &c. Pourquoi n'en ferais-je pas sur ma glace? D'ailleurs les miens ne s'écartent point des bornes de la décence, comme ceux des impies dont je viens de parler, & qui brûleront en enfer comme un gigot à la broche. Faisons donc des vers à ma glace, & moquons-nous du qu'en dira-t-on. Je ne suis point poëte, je m'amuse.

Vers à ma glace.

Douce liqueur, glace adorable,
Emule du nectar des dieux,
Si ma bouche te baise, un charme délectable
Me fait douter, en ce moment heureux,
Si j'habite la terre, ou si je regne aux cieux!
Iris & toi, dans le fond de mon ame,
Portez la pure volupté;
Chacune de vous deux m'enflame,
Et parait à mes yeux une divinité.
Mais tu ne charmes que ma bouche,
Par ton excessive fraicheur;
Et quand celle d'Iris je touche,
Je sens une chaleur
Que ce baiser conduit jusqu'à mon cœur.

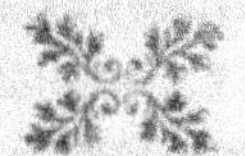

CHAPITRE IV.

Les babillards.

On pourrait adapter à ce café le *miscuit utile dulci* d'Horace ; car on y trouve l'utile & l'agréable. Aimez-vous à penser ? deux jardins charmans vous offrent le moyen de promener vos rêveries. Le jeu vous amuse-t-il ? vous trouvez vingt endroits à vous arrêter pour repaître vos yeux du plaisir de voir jouer *au tonneau*, *à la toupie*, *aux dames*, *aux échecs*, *au triste domino*. La conversation a-t-elle pour vous quelques charmes ? prenez place auprès de ces vieux rentiers en perruques, habits boutonnés, & cannes à corbins : ils vous apprendront les nouvelles politiques & scandaleuses, les histoires des trois spectacles des boulevards : c'est en partie à eux que je dois la plupart des anecdotes dont j'ai fait usage dans cette brochure. Je me trouvai un jour à côté d'un homme de barreau, qui, en me parlant de l'intendant de Montauban, me fit lecture d'un mémoire qui lui fut présenté par une de ses innocentes ouailles, & dont la tournure originale amusera sûrement le lecteur. Au reste, s'il s'en ennuie, tant pis pour lui ; moi, il m'a diverti, & quand je prends du plaisir, je veux que tout le monde en prenne.

A Monsieur l'intendant de la souveraine finance de Montauban.

" MONSEIGNEUR. La demoiselle Nops, habi-
„ tante de Ville-Franche, prend, avec son
„ respect ordinaire, la gracieuse liberté de re-
„ présenter très-humblement à votre grandeur,
„ qu'à peine s'est-elle vue en état de jouir de
„ ses droits de nature, à cause de l'absence par
„ décès de ses pere & mere, dont Dieu veuille
„ intercepter les ames, que les prud'hommes de
„ Ville-Franche s'étant corporellement assemblés
„ pour procéder à la répartition cathégorique
„ des impositions royales de la communauté, ils
„ ont inhumainement compris dans leurs rôles
„ la suppliante pour la somme de 57 liv. 3 s.
„ qu'elle ne peut absolument supporter, vu le
„ peu de rapport actuel de son petit bien, qui
„ décline même tous les jours par la perte de
„ plusieurs bêtes à cornes qu'elle prenait soin
„ d'entretenir pour son labour particulier, &
„ par d'autres fâcheux événemens qu'elle prend
„ la très respectueuse licence de numérer très-
„ succinctement à votre grandeur, comme elle
„ l'a fait par les précédentes plaintes, qu'elle s'est

„ procuré l'honneur de lui préfenter, & qui ont „ eu l'inconvénient de fe confondre, à ce qui lui „ a été rapporté, dans la foule d'une infinité de „ papiers dont votre grandeur fe trouve jour- „ nellement oppreffée.

„ En premier lieu, les grands-chemins ont „ eu le malheur de lui emporter une partie de „ fes domaines.

„ 2°. Tout ce qui eft refté, fans exception, „ fut grêlé à plate couture, fans aucun égard „ pour les champs & les vignes, qui en ont été „ fort incommodés.

„ 3°. Les récoltes ont été fi chétives pen- „ dant les dernieres années, que les épis dénués „ de grains, ou ne rapportant que du charbon- „ net, n'ont produit, à proprement parler, que „ de la paille, dont la demoifelle fuppliante a „ bien de la peine à fubfifter.

„ 4°. La cheminée de la maifon fut incendiée, „ il y a quelque tems, par le feu : ce qui lui pro- „ cure un dérangement notable, & monfeigneur „ comprend bien d'ailleurs la fituation perplexe „ d'une demoifelle qui, s'entend fa cheminée „ en feu, ne peut recourir qu'à des voifins „ vieux & infirmes, qui n'apportent dans ces „ accidens que des fecours prefque toujours trop „ lents.

„ La demoifelle fuppliante peut bien citer

„ encore des procès d'une injuſtice de la plus „ grande iniquité, qu'elle a eu à ſoutenir contre „ ſon propre beau-frere, que le ſang n'a pas „ empêché de la pouſſer avec la plus grande „ vigueur, juſqu'à ce qu'il l'ait épuiſée, quoique „ pluſieurs des plus forts avocats du parlement, „ qui étaient très-bien entrés dans ſon affaire, „ l'euſſent aſſurée que le fond en était bon ; bien „ qu'il y eût quelque choſe à dire à la forme, „ qu'elle ne pouvait jamais la perdre.

„ La demoiſelle ſuppliante ajoute à toutes ces „ pertes ſon état de fille, qui ſe trouve orphe- „ line depuis longues années, ſans avoir ni pere „ ni mere, mais ſeulement une ſœur, qu'elle eſt „ obligée d'obſerver comme la prunelle de ſon „ œil, pour faire taire tous les propos que les „ méchantes langues font ſouvent parler, afin „ de détruire la réputation d'une jeune fille du „ ſexe qui ſe trouve en bas âge.

„ Mgr. de la Galaiſiere, l'un de vos agréables „ prédéceſſeurs, d'excellente mémoire, ne lui „ réſiſta pas à tout ce que la demoiſelle ſup- „ pliante lui montra pour toucher ſon grand „ cœur ; & après avoir par lui-même bien exa- „ miné les pieces, il la fit décharger pendant „ trois ans de la ſurabondance de ſes impoſi- „ tions ; mais d'autant qu'il ne ſerait pas digne „ de la bonté de votre grandeur de laiſſer plus

„ long-tems la demoiselle suppliante dans un „ état de souffrance, qui l'obligerait à laisser son „ bien en friche & exposé à la voracité du menu „ bétail sauvagin, elle ose espérer de vos graces, „ monseigneur, sinon une décharge aussi consi- „ dérable que celle dudit sieur de la Galaisiere, „ qu'il vous plaira au moins, sur le relevé de „ sa cotte qui vous fera voir son état au naturel, „ la soulager mieux qui vous sera possible, afin „ qu'elle puisse se ressouvenir passablement des „ bénignes influences des faveurs que vous trou- „ verez bon de répandre sur elle.

„ La demoiselle suppliante, de son côté, ne „ s'épargnera à aucun mouvement pour vous „ engager, monseigneur, à la couvrir de tems „ à autre de votre féconde protection, & ne „ cessera de former des vœux pour la conser- „ vation des trésors inépuisables de votre gran- „ deur. „

Cet écrit me réjouit assez, mais ce babillard avait malheureusement des confreres. Un d'eux s'appercevant que j'avais écouté jusqu'au bout la lecture du papier que celui-ci remettait dans sa poche, s'approcha de moi, & après quelques mots vagues, il vint me demander ce que j'avais entendu. Sur ma réponse, il se déclara homme de lettres, me dit qu'il composait des vers fort jolis, qu'il en avait même fait qui pouvaient le disputer à ceux de Voltaire, mêlant toujours son dialogue de plusieurs citations de ses productions. Ennuyé de cet original babillard, je voulus le quitter; mais il me fut impossible de le faire, avant d'avoir entendu un conte en vers qu'il venait de finir le matin même. J'eus beau prétexter des affaires, il fallut en passer par-là, ou mon homme, je crois, m'aurait suivi chez moi en me lisant son conte. Comme un autre *Francaleu*,

Il s'empare d'un homme, & de *peur* qu'il *n'é*chappe,
Il se cramponne après le premier *qu'il* attrape;
Et bénévole ou non, dût-il ronfler debout,
L'auditeur entendra *sa* piece jusqu'au bout!

Détestables auteurs! quand donc vous corrigerez-vous de la sotte manie d'étourdir sans cesse, de vos ennuyeuses productions, ceux qui ont le malheur de se trouver avec vous?

Celui-ci du moins ne me causa pas autant de mauvaise humeur que je me l'étais imaginé. Son conte était dans le genre de Grécourt, & ce genre gai & polisson se fait toujours lire avec un certain plaisir. Quand mon homme eut fini, je lui fis mon compliment & marquai le desir que j'avais d'en posséder une copie. A peine avais-je ouvert la bouche que je l'avais déjà dans la main; il en avait fait une cinquantaine, pour donner à tous ceux qui en entendraient la lecture, & même à ceux qui ne voudraient point l'entendre. La voici : on la lira si l'on veut.

La rétention. Conte.

Deux jeunes fils, au cours prenant le frais,
Assis sur l'herbe & devisant ensemble,
Lorgnaient de loin deux sœurs pleines d'attraits,
Qu'ils eussent mieux aimé tenir de près.
Ami, dit l'un, voi ces sœurs : que t'en semble
La riche taille & le gentil maintien !
Que sous le lin leur gorge est bien bombée !
Quel meurtre c'est, pour un pauvre chrétien,
Que telle chair soit pour nous prohibée !
Car de penser par *faconde* [1] ou par or,
Pouvoir jouir de ce double trésor
Scélé de Dieu, ce serait bien folie.
Tu connais mal ce genre de nonain,
Dit l'autre ami ; moi, je gage soudain
Que je m'en vais, & par la plus jolie,
Me faire, moi, soulager des dépôts,
Qui cette nuit troubleraient mon repos.
Le couple ami gage triple pistole :
Tout aussi-tôt le facétieux drôle
Court au devant, contrefait le manchot,
Et dérobant ses poignets sous les manches
De sa chemise, il s'écrie aussi haut
Que le ferait femme de qui les hanches

[1] Vieux mot tiré du latin *facundia*, qui signifie *éloquence*.

N'en pouvant plus d'un fardeau de neuf mois,
Sont au moment d'en dépofer le poids.
Il fe tourmente, il s'agite, il tempête
Contre un valet qui lui manque au befoin :
De fes douleurs le beau couple témoin,
Tout près de lui vient, de pitié s'arrête.
Qu'a donc monfieur, dit avec action
La fœur Agnès ? Hélas ! mes fœurs, je fouffre
Comme un damné de ma rétention :
Maudit laquais ! fuffes-tu dans le gouffre.
Mes cheres fœurs, vous voyez comme moi,
Ce que l'on gagne au fervice du roi.
J'avais deux mains qui, dans une bataille,
Ont pris congé des deux bras que voici ;
Mon mal exige à tout moment que j'aille,
Et pour m'aider je n'ai perfonne ici.
Si vous vouliez, d'une main fecourable,
Me dégraffer au-deffous du pourpoint,
Vous rendriez au jour un miférable,
Qui fans cela n'en reviendra point.
Sœur Rofalie, encore un peu novice,
Répugnait fort à rendre ce fervice ;
Car il fallait s'y prêter jufqu'au bout.
Quand fœur Agnès, de ce fcrupule en fomme
La relevant, dit : ma fœur, après tout,
Laifferons-nous mourir ce beau jeune homme ?
Les voilà donc aux *gregues* [1] du galant,
Dont le courfier fentant que l'on abaiffe

[1] Ancien mot, en latin *bracca*, & qu'on exprimait autrefois par *haut-de-chauffes*.

ballets, l'autre faire répéter les pieces, & un troisieme, nommé Lebœuf, aussi cabotin de province, était chargé de monter les pantomimes. C'est de lui, ce fouilli qu'il appellait *la Jérusalem délivrée*, sur laquelle l'écervelé de Plainchene a donné, chez Audinot, une plate parodie intitulée *la Montagne qui enfante une souris.* Ce spectacle se soutint pendant quelques mois, que les recettes étaient bonnes; mais le public, las de toujours voir la même chose, & eux, n'ayant pas le moyen de monter du nouveau, ils ont bientôt vu leur salle déserte. Il fallait pourtant payer leurs sujets, ou ils allaient se retirer. Comment faire? Pariseau intrigant, n'avait pas un sou; mais en revanche il desirait beaucoup être directeur. Comme il fallait à Tessier & à Abraham quelqu'un qui fournît des fonds, il fit tant & tant, que, leurrées par son langage insinuant, plusieurs personnes lui délierent leurs bourses. Il y puisa six mille francs, avec lesquels il entra aux éleves en qualité d'un des directeurs. Abraham lui cédant son droit moyennant une rente de cent louis, voilà notre remuant Pariseau directeur. Il change toute la face de ce spectacle; il renvoie les uns, diminue les autres, veut jouer la comédie, & ne la jouer que lui seul. Sa devise était: *audite hæc omnes gentes.* Il accepte des pieces de différens auteurs, qu'il donne sous son nom. Enfin, le voilà chef des éleves de l'opéra, & ce spectacle se trouve dans un dépérissement où on ne l'a jamais vu.

Mons Pariseau, au lieu de donner de tems en tems quelques louis aux créanciers & au peu d'acteurs qui lui restent, devient amoureux de la petite Bernard, danseuse de ce théatre, & dépense avec elle le produit des recettes qu'il fait chaque jour. Bientôt il doit de toute part, les assignations l'assiegent, il se voit réduit vingt fois à se dérober aux griffes des archers, en s'évadant par une porte de derriere, une autrefois par une fenêtre, en se sauvant sur les toits, &c. &c. &c. Quelques ames charitables, s'imaginant bonnement que ce n'était pas la mauvaise conduite de Pariseau qui le réduisait à cette extrêmité, lui offrirent encore leurs bourses, ne voyant en lui qu'un homme malheureux de s'être chargé d'une telle entreprise : mais comme notre Pariseau se moquait d'eux, quand, rentré chez sa petite Bernard, il comptait l'or qu'on venait de lui donner pour appaiser ses créanciers, en en donnant la moitié à sa concubine, & gardant l'autre pour des parties de plaisir!

Tant va la cruche à l'eau qu'enfin elle se casse, a dit Sancho. Il fallait que tant de friponneries prissent fin; aussi cela ne manqua-t-il pas. Le magistrat étourdi & rebuté par tous les mémoires donnés contre Pariseau, tant des sujets que des fournisseurs qui ne recevaient pas un sol, interdit ce spectacle qui, pour le bonheur de vingt créatures, aurait dû l'être un an plutôt.

Pariseau ainsi dénué de son titre de directeur, finit par capter la bienveillance de ceux qui l'étaient. Sa petite Bernard le voyant incapable de fournir désormais au soin de sa parure & de sa maison, le laissa tranquillement chercher le moyen de subsister, & entra à l'opéra, où elle trouva bientôt quelqu'un qui valait mieux que lui. Quand on a faim, on n'est pas si amoureux. Pariseau oublia les charmes de sa *fidelle* Bernard pour un morceau de pain que lui offrit une espece de bourgeoise dans le quartier de la comédie italienne. Là, à portée de se lier avec quelques acteurs de ce théatre, il tenta d'y faire donner une piece. Il se souvint qu'un certain M. Gouillard, professeur en rhétorique, lui en avait confié une pour être jouée aux éleves. Il feuilleta vite son porte-feuille, & l'y trouva; c'était *la Veuve de Cancale*; elle était en prose, il l'a mise en vers avec son teinturier. N'importe, elle fut mise en vers & présentée aux Italiens. Ces acteurs, attendris sur sa prétendue infortune, convinrent qu'ils donneraient cette piece: on la mit à l'étude; elle fut représentée & sifflée. Et vite sur le métier, mons Pariseau la retravaille,

retravaille, profite des idées de l'un & de l'autre, & parvient enfin à la voir donner sans beaucoup de murmures. Mais voilà le diable; le sieur Gouillard, fort étonné du silence de mons Parisseau, s'en plaint à ses amis, & l'un d'eux, avocat, écrit cette lettre aux journalistes de Paris.

Aux auteurs du Journal de Paris.

Le 5 novembre 1780.

" Messieurs. J'ai vu, avec surprise, que „ M. Parisseau se donnait pour auteur de *la Veuve* „ *de Cancale*, parodie de *la Veuve du Malabar.* „ J'avais lu cette piece long-tems avant qu'elle „ parût sur le théatre italien. Je puis vous cer- „ tifier qu'à l'exception de la derniere scene, elle „ est toute entiere [telle qu'elle a été donnée à „ la seconde représentation] d'un homme de „ lettres, qui se distrait quelquefois de ses occu- „ pations sérieuses par des productions légeres, „ qu'il se contente de communiquer à ses amis. „ Il y a cependant une chose que M. Parisseau „ peut revendiquer dans cette parodie : ce sont „ les vers; l'auteur l'avait faite en prose.

„ J'ai l'honneur d'être, &c.

„ Delaunay, avocat. „

Réponse aux auteurs du Journal de Paris.

" MESSIEURS. Je n'ai jamais caché [1] que „ j'avais eu entre les mains une piece en un „ acte & en prose, intitulée *la Veuve de Cancale*; „ j'en avais même fait un avertissement au „ public, que la modestie de M. G... m'a fait „ supprimer [2]. J'ai usé librement [3] de „ tous les droits que l'auteur m'avait donnés; „ je l'ai mise en vers & en trois actes [4]. *Si* „ *parva licet componere magnis*, Corneille n'a pas „ dédaigné de mettre en vers *le Festin de Pierre* „ *de Moliere* [5]. Pourquoi donc aurais-je rejeté „ l'ouvrage d'un de mes anciens professeurs [6]? „ J'espere que l'auteur de la piece en prose, en „ rendant hommage à la vérité, me vengera de „ la lettre de M. Delaunay.

„ J'ai l'honneur d'être, &c.

„ PARISEAU. „

Il ignorait apparemment, en écrivant cette lettre, que M. Gouillard en avait envoyé une au

[1] Si.
[2] Maniere adroite d'engager M. G. à se taire.
[3] Oui, très-librement.
[4] Quel effort!
[5] Que cette conséquence est absurde!
[6] Si vous n'eussiez point vu jour à en tirer parti.

Journal, qui atteſtait ſa friponnerie. Pourquoi les journaliſtes ne l'ont-ils point imprimée? Il n'en ſait rien, ni moi non plus: mais comme il m'en a communiqué lecture, j'en ai pris copie.

Lettre de M. Gouillard aux auteurs du Journal de Paris.

" MESSIEURS. J'ai toujours entendu dire qu'il
„ fallait rendre à Céſar ce qui appartenait à Céſar,
„ & ne jamais ſe parer des plumes du paon.
„ Donc je ſuis aujourd'hui dans le cas de ré-
„ clamer ce qui m'appartient au moins de moi-
„ tié. M. Pariſeau a beaucoup d'eſprit, je ne le
„ lui conteſte pas; il a embelli mon ouvrage:
„ mais je l'ai mis le premier ſur le métier, &
„ il n'a eu que la peine de le broder. Je ne veux
„ point me targuer du titre d'auteur, encore
„ moins dire que *la Veuve de Cancale* m'appar-
„ tient; mais je voudrais au moins que M. Pari-
„ ſeau avouât qu'il l'a faite en ſociété avec moi;
„ & vous allez voir, meſſieurs, ſi je demande
„ plus que je n'ai droit d'exiger. Quelques mo-
„ mens de loiſirs m'ayant fait naître l'envie de
„ compoſer quelques petites pieces de théatre,
„ je voulus les voir repréſenter ſur celui des
„ éleves de l'opéra de préférence aux autres, vu
„ que depuis long-tems des circonſtances me

„ lient avec le sieur Parisеau. Je lui remis ma „ parodie de *la Veuve du Malabar*, intitulée *la* „ *Veuve de Cancale.* Cette parodie est en prose, „ à la vérité ; mais c'est la même intrigue, les „ mêmes personnages, & presque le même dia- „ logue qu'on retrouve aujourd'hui dans *la Veuve* „ *de Cancale*, donnée aux Italiens. M. Pariseau „ ayant lu ma piece, me la rendit, en me disant „ qu'il ne pouvait en faire aucun usage pour „ son spectacle. N'attachant point de prétention „ à une si mince production, je la serrai dans „ mon porte-feuille, bien résolu de ne jamais „ l'en tirer. Aujourd'hui j'entends dire qu'on „ joue une pareille piece aux Italiens ; je m'y „ rends, & je reconnais la mienne qu'on a mise „ en vers. On appelle l'auteur, un mouvement „ naturel me fait lever de dessus mon siege ; „ mais je suis bientôt arrêté par l'apparition du „ sieur Pariseau, conduit par Meunier. Je reste „ interdit, & vous conviendrez qu'on l'aurait „ été à moins. Je vous prie donc, messieurs, „ d'insérer ma lettre dans votre premier Journal.

„ J'ai l'honneur d'être, &c.

„ *Signé*, GOUILLARD. „

Si cette lettre ne donne pas une haute idée de la prose de M. Gouillard, du moins elle était bien faite pour désespérer Pariseau, & ôter au public la bonne opinion qu'il avait de ses talens.

Pariseau eut quelques mois avant une querelle avec Audinot, dans laquelle il montra plus d'esprit. En transcrivant ici les lettres des deux champions déjà dans la lice, se portant des coups d'estoc & de taille, je m'épargnerai la peine de faire le détail de l'objet de cette dispute, & au lecteur l'ennui de le lire.

Lettre aux auteurs du Journal de Paris.

Ce 22 avril 1780.

" MESSIEURS. Un honnête homme [1] qu'on „ accuse publiquement de procédés malhonnê- „ tes, se doit à lui-même de se justifier publi- „ quement.

„ C'est en plein théatre, & dans un compli- „ ment en vers, que M. Pariseau, directeur des „ Eleves, m'impute ironiquement d'être *un voisin* „ *de bon aloi, qui lui a enlevé sa famille, & qui* „ *lui a débauché l'Amour*.

„ Cela veut dire que les deux demoiselles „ Spinacuta, les deux demoiselles Tabreze, un „ danseur & une petite enfant à qui le public „ a imposé le nom de l'*Amour*, ont passé de son

[1] Il y a bien des choses à dire là-dessus.

„ théatre fur le mien. Il eſt naturel, fans doute,
„ à tout entrepreneur de rechercher les avan-
„ tages de fon entrepriſe : il eſt naturel que tout
„ artiſte, tout artifan, tout ouvrier préferent de
„ s'attacher à ceux qui connaiſſent & paient le
„ mieux la ſupériorité de leurs talens. On ne
„ bleſſe donc ni la loi ni l'honneur, en uſant
„ reſpectivement de ce droit naturel.

„ Il eſt vrai que les ames extrêmement déli-
„ cates s'interdiſent d'employer des moyens inſi-
„ dieux pour ſe prévaloir de ce droit, & cette
„ délicateſſe, je l'ai toujours eue à l'égard de mes
„ collegues ; je puis même prouver que ſi elle
„ me manquait aujourd'hui, je ne ferais qu'uſer
„ de repréſailles. C'eſt encore un droit naturel
„ que je me ſuis interdit. Je défie donc le ſieur
„ Pariſeau de prouver que je lui ai débauché
„ l'*Amour ni ſa famille*. Je lui prouverai, au
„ contraire, que je n'ai engagé aucun des ſujets
„ qui lui ont appartenu qu'au terme indiqué,
„ quoique j'en fuſſe ſollicité vivement par cha-
„ cun d'eux, bien avant l'expiration de leurs
„ contrats avec le ſieur Pariſeau ; contrats aux-
„ quels ils avaient peut-être droit de ſe ſouſ-
„ traire. Que ledit ſieur ne s'en prenne donc
„ qu'à ſon égoïſme & qu'à ſes mauvais calculs,
„ de ſes mauvais ſuccès ; qu'il ceſſe ſur-tout de
„ vouloir rendre ſuſpect au public un *honnête*

„ homme qui, comme lui, ne peut tenir ſa for-
„ tune que de l'eſtime du public.

„ C'eſt en vers qu'il a plu à M. Pariſeau de
„ me tympaniſer. Pour lui répondre un peu
„ dignement, j'ai obtenu de ma petite muſe les
„ quatre petits vers que voici, en attendant que
„ je devienne un grand poëte comme lui :

„ Si le fils de Vénus ne vous fait plus ſa cour,
„ Pourquoi m'en faites-vous la mine ?
„ C'eſt par le bonheur ſeul que l'on fixe l'amour,
„ On le chaſſe par la famine.

„ *Signé*, AUDINOT. „

Réponſe aux auteurs du Journal.

Ce 26 avril 1780.

“ MESSIEURS. Le ſieur Audinot a fait confi-
„ dence au public des énormes griefs qu'il a
„ contre moi. Je ſuis bien étonné que M. Audi-
„ not, qu'on a toujours accuſé de prudence, ſe
„ ſoit engagé dans une démarche auſſi légere.
„ Je vais répondre à mon *aimable collegue* ; car
„ c'eſt une qualification dont il m'honore. Il a
„ bien ſenti le ſel piquant de cette injure ; mais
„ on ſait que je ne la mérite pas.

„ Le ſieur Audinot, qui n'eſt point égoïſte
„ & qui calcule puiſſamment, m'a débarraſſé de

„ quelques ſujets un peu chers. Pénétré d'un „ auſſi beau trait, j'ai dit, dans une effuſion „ de cœur, dont je n'ai pas été le maitre :

„ Près de moi la charité brille ;
„ Mon voiſin de très-bon aloi,
„ Pour me ſoulager, malgré moi,
„ Veut bien adopter ma famille.
„ L'hymen reſte dans ce ſéjour,
„ Mais il m'a débauché l'Amour.

„ Et voilà ce qui fâche mon aimable collegue. „ Il aurait deſiré que ſes bienfaits fuſſent enſe- „ velis dans une obſcurité modeſte.

„ Homme ſublime, voilà comme on oblige ! „ voilà de grands procédés ! Mais tant de déſin- „ téreſſement peſe à ma reconnaiſſance ; il faut „ que ce ſentiment s'épanche ; il faut qu'on ſache „ tout ce que vous valez ; je l'ai dit en vers, „ je le répete en proſe, & j'apprends à tous „ les échos :

„ Mon voiſin *de très-bon aloi.*

„ L'expreſſion vous offenſe. Un homme qui vou- „ drait ménager votre modeſtie, toujours déli- „ cate, rejeterait l'expreſſion ſur la néceſſité de „ rimer à *moi*, quoique je ne rime à rien ; mais „ je remercie la rime de l'avoir amenée naturel- „ lement ſous ma plume. Quel dommage que

„ ce mot-là vieilliſſe ! Comme il peint la bonté,
„ l'*honnêteté*, la candeur, &c. &c. & mille &c.

„ Mais il m'a débauché l'Amour.

„ Entendriez-vous malice à ce vers-là ? Pour le „ coup, c'en eſt trop. Vous avez aſſez d'eſprit „ pour m'en prêter ; mais je vous dois déjà beau- „ coup, & je ne veux point me ſurcharger d'o- „ bligations nouvelles.

„ Vous finiſſez votre épître par un quatrain „ barbare anti-poétique & ſur-tout mal-adroit. „ Le public, dont la faveur vous enivre, n'aime „ pas qu'on s'en prague inſolemment pour humi- „ lier les autres. Enfant gâté de ce public, vous „ ne connaiſſez que ſes bienfaits, apprenez à „ connaître, à reſpecter ſon équité. Rayez-moi „ donc ce quatrain impoli ; je ne ſais pas ce qu'il „ vous a coûté, mais l'euſſiez-vous eu pour ce „ qu'il vaut, vous auriez fait un mauvais mar- „ ché. *Sordes emere ſtultum eſt* [1]. Je vous „ demande pardon d'avoir parlé latin ; il faut „ terminer. Je réprime des ſarcaſmes aſſez gais „ qui s'offrent à mon imagination. Tenez-moi „ compte de ce que je ne vous ai pas dit, & „ convenez que votre lettre méritait une autre

[1] Si, comme le dit ici Pariſeau, *c'eſt une folie d'acheter des ſottiſes*, Nicolet doit donc bien ſe repentir d'avoir acheté ſes productions.

„ réponse. Vous n'en êtes pas moins très-*hon-* „ *nête* ; car vous l'avez dit, & je suis assez cré- „ dule pour ne demander à personne ce que je „ dois en penser.

„ J'ai l'honneur d'être, &c.

„ Pariseau, directeur des „ éleves de l'opéra „.

Le petit Mayeur, acteur de Nicolet, qui se mêle aussi de faire l'auteur, écrivit, dit-on, la lettre suivante aux journalistes de Paris ; mais j'ai eu beau fureter les feuilles du mois d'avril, je ne l'ai point vue. Il y a toute apparence qu'ils n'en firent pas plus de cas que de celle du sieur Gouillard. Ce petit transfuge des tréteaux d'Audinot voulait, dit-on, que cette lettre parût, pour tâcher de se réconcilier avec lui. La voici ; je la tiens de madame Bonnet.

Aux auteurs du Journal.

“ Messieurs. Je viens de recevoir votre „ Journal, & l'ayant ouvert avec l'empressement „ qu'on met à posséder ce qui sait nous inté- „ resser & nous plaire, mes yeux se sont arrêtés „ sur une lettre signée du sieur Audinot, direc-

„ teur du ſpectacle connu ſous le nom de l'*am-* „ *bigu-comique*. Comme je ſuis en partie l'inſtru- „ ment de l'altercation élevée entre MM. Audi- „ not & Pariſeau, & que je puis rendre au „ premier toute la juſtice qu'il réclame, vous „ m'obligerez, meſſieurs, de faire part au public „ de la dépoſition que je remets entre vos mains, „ puiſque votre Journal eſt le dépoſitaire de la „ réclamation du ſieur Audinot.

„ Jouant à ſon ſpectacle, & ne cherchant, „ après le deſir de plaire au public, que celui „ d'être agréable & utile à mon directeur, je lui „ préſentai la demoiſelle Bonnet [connue ſous le „ nom de l'*Amour* depuis qu'elle a joué ce rôle „ au ſpectacle des Eleves], que j'avais pris ſoin „ de former pour nos théatres, en lui faiſant „ jouer quelques rôles dans de petites pieces „ que je compoſais pour des ſociétés.

„ Douée d'une intelligence ſurprenante, je „ m'imaginais que cette enfant, âgée de ſept ans „ & demi, après avoir fait le charme de nombre „ d'aſſemblées, ſerait reçue avec tranſport par „ le ſieur Audinot. Mes eſpérances furent dé- „ çues; elle entra donc alors aux éleves de „ l'opéra. Au milieu de l'année paſſée, ſa mere „ voyant le délabrement de ce théatre, me pria „ de l'offrir de nouveau au ſieur Audinot. Je le „ fis : nouvelles marques d'indifférence de ſa

POT-POURRI.

1.

Air : *De tous les capucins du monde.*

En vain Iris, dès qu'on la presse
De se livrer à la tendresse,
Affecte un dépit éclatant,
Il faudra bien qu'elle se rende ;
Car l'Amour, quoiqu'il soit enfant,
Est le vainqueur si-tôt qu'il. . .

2.

Air : *Des folies d'Espagne.*

Bande ton arc,
Armes-toi d'une fleche,
Attaque Iris de l'un & l'autre bout ;
Et si tu peux forcer certaine breche,
C'est le chemin, Amour, par où l'on. .

3.

Fou, petit fou, que fais-tu donc,
Tu te livres à la bagatelle ?
Ne sais-tu prendre qu'un ton ?
Allons vite, va droit au. . .

4.

Air : *Ton humeur est Catherine.*

*Com*prenez bien ce mystere,

Vous qui soupirez toujours :
Les honteux ne gagnent guere
Dans l'empire des amours.
En vain vous cherchez à plaire
Pour toucher l'objet chéri,
Il faut commencer par faire
Appercevoir un gros...

5.

Air : *Du confiteor.*

Vive, vive le cabaret !
En y buvant chopinette,
Sans façon sur un tabouret,
On y baise sa Claudinette ;
Et souvent pour un quart d'écu
De l'une & l'autre on voit le...

6.

Air : *Du prévôt des marchands.*

Curieux enfant du desir,
En vain tu poursuis le plaisir,
Dans les bras d'une beauté chere.
Tu cherches l'heure du berger :
Ton bonheur n'est qu'imaginaire
Si tu ne la sens......

7.

Déchargez votre pot au lait,

La laitiere charmante,
Et si la danse vous plait,
Que le plaisir vous tente,
J'ai mon *violon* tout prêt
Qui vous rendra contente.

Autre.

Air : *Vit-on jamais de pareille sottise ?*

Qu'on s'evertue, & qu'on rie & qu'on chante,
Au fond du verre enterrons la raison,
Et que chacun de nous, l'ame contente,
Boive à Bacchus ainsi qu'au plus beau... &c.

Combien de fois Colin à sa bergere
Voulut montrer, à l'ombre d'un buisson,
Les doux plaisirs que l'on goûte à Cythere,
En caressant son joli petit... &c.

Qu'on est heureux de vivre sans fortune !
Moi je hais cette laide Camuson;
J'aime Lise sans que rien m'importune,
Et tout mon bien est son cher petit... &c.

CHAPITRE VII.

Des sieurs Comus & Noël physiciens.

MALGRÉ le goût presque exclusif que nous avons maintenant pour les bagatelles, bien suffisamment prouvé par l'affluence journaliere qu'attirent nos spectacles du rempart; les progrès rapides & étendus qu'on fait depuis quelques tems les sciences parmi nous, engagent un assez grand nombre de nos oisifs, de l'un & l'autre sexe, à parler de *physique*, de *chymie*, d'*électricité*, d'*anatomie*, d'*histoire naturelle*, de *médecine*, &c.; plusieurs de nos femmes de bonne compagnie, & un grand nombre de nos élégans, presqu'aussi femmes qu'elles, suivent depuis environ une douzaine d'années les cours de nos professeurs en ces diverses sciences. La plupart de ceux qui se font inscrire à ces cours n'y gagnent, il est vrai, que le ridicule de vouloir passer pour *amateurs*, & ne contribuent en rien à la propagation de ces sciences, comme ces sciences ne contribuent en rien à leur véritable instruction. Ils n'apportent pas chez les professeurs cette attention soutenue, cette contention d'esprit qui feraient nécessaires, & ils n'en rapportent auſſi que quelques mots qu'ils croient leur ſuffire, pour avoir l'air inſtruits. Cependant ce goût de paraître inſtruit, aſſez généralement répandu de nos jours, a donné à Comus l'idée d'ouvrir un cabinet de phyſique, où il fait des expériences fort curieuſes & fort ſuivies. Cet homme extraordinaire eſt devenu phyſicien, & l'un des premiers phyſiciens qu'il y ait, ſans avoir étudié la phyſique, c'eſt-à-dire, ſans avoir puiſé la connoiſſance de cette ſcience dans les ſources connues & pratiquées. Le haſard & ſon génie ont remplacé en lui de longues & pénibles études. C'eſt à ces deux grands maîtres que preſque tous ceux qui ſe ſont le plus diſtingués dans les arts & même dans les ſciences, doivent leurs grands ſuccès, & que nous devons une partie de nos plus utiles découvertes. Tel eſt Comus : mais ſon voiſin Noël n'a rien de commun avec lui que le voiſinage, le défaut d'études élémentaires que le génie n'a point ſuppléés, & l'inſcription faſtueuſe & menſongere qu'il a miſe au-deſſus de ſa porte. Il ne fait rien de plus que ce que nous voyons faire à tous les joueurs de gobelets ſur nos places publiques. Il s'exprime auſſi groſſiérement qu'il opere ; & il eſt à Comus, pour me ſervir d'une comparaiſon relative à mon ſujet, ce qu'eſt le ſieur Viſage à Larive, à Brizard, à Molé, à Préville. Mais, comme dans une grande ville il faut des amusemens pour tout le monde, & que les genres en soient aussi variés que le sont les individus, nous avons les comédiens du Roi pour la bonne compagnie, & les marionnettes & les bateleurs pour le peuple & la livrée; un cabinet de physique vraiment curieux & intéressant, & un antre de *Merlin* où l'on fait des tours de gibeciere des plus communs. Tandis que les gens riches, & qui passent pour être instruits, sont dans le premier, leurs valets s'ébahissent dans l'autre, & tout le monde s'amuse, ou a l'air de s'amuser, selon son rang, sa fortune & ses prétendus goûts. Tout est bien ainsi, puisque tout le paraît; & il n'y a peut-être que Paris où l'on puisse trouver dans les plaisirs autant de variétés, quant aux genres & aux prix.

On sait donc, par ce que j'ai dit ci-dessus, que Comus tire un très-grand bénéfice de ces expériences publiques; mais ce que tout le monde ne sait pas, c'est qu'il étend également ses hautes spéculations & sur l'argent qu'elles lui ont produit, & sur celui qu'elles doivent lui produire. Il est excessivement avare, &, ne songeant qu'à thésauriser, il s'est lié avec le plus *honnête* des avocats, M. de la Chaise, pour que celui-ci lui procure la connaissance de quelques malheureux vieillards gènés, possesseurs de petits contrats qu'il leur achete le moins cher qu'il peut, malgré l'espoir que son âge & sa santé lui donnent d'être bientôt leur héritier.

A propos d'héritier, il est bon de dire que ceux de Comus sont deux fils, qui ne seront pas également partagés à sa succession; car leur esprit & leur caractere sont aussi dissemblables que nous avons dit l'être leur pere & le sieur Noel. Un des fils de Comus, [il s'appelle Alexandre] n'a de goût & n'est propre qu'aux détails & aux soins les plus bas du ménage: aussi, par économie, son pere l'emploie-t il à la place d'une servante, à faire sa cuisine, à laver la vaisselle, à balayer, &c.; c'est encore lui qui fait les commissions extérieures; qui va à l'hôtel-de-ville recevoir les petites *rentes* de tous les malheureux que son pere à dépouillés, au lieu de les soulager par des secours, ou des prêts possibles & salutaires. L'autre fils annonce d'heureuses dispositions, & commence à s'initier aux mysteres de la physique; il remplace déjà quelquefois son pere dans le cabinet; & de plus, il lui sert de secrétaire, & même de second dans plusieurs opérations. C'est ainsi que les enfans des mêmes parens, different ordinairement entr'eux; & presque toujours ils different essentielement de leur pere. Cette incontestable vérité peut donner une vaste carriere à nos observateurs *naturalistes*.

CHAPITRE VIII.

Le théatre des associés.

CE théatre, situé entre Comus & Curtius, vient d'être rebâti. Les directeurs qui ont pris le titre d'*associés*, sont, l'un nommé Visage, aboyeur jadis à la porte de Nicolet, & l'autre appellé Salé, aussi acteur de Nicolet. Ces deux intrigans ont des commissionnaires à qui ils font endosser un habit d'Arlequin, de Pierrot, &c. &c. & auxquels ils font apprendre des rôles d'anciens opéra-comiques qu'ils jouent sur le balcon, ou dans l'intérieur de la salle. Vous conviendrez qu'il est très-plaisant de voir jouer à ces messieurs *Alzire*, ou le *Cid*, ou quelques-uns de nos opéra-bouffons! On y creve de rire. Mais le plus divertissant est d'y voir jouer à mons Visage le rôle de *Mahomet*, ou celui de *Béverlay*: avec sa voix de taureau, ce gredin-là braille à se faire entendre du Boulevard du Temple à Menil-Montant.

La premiere édition de cet ouvrage ayant

passé en un instant dans les mains de tout le monde; les personnes qui, par désœuvrement ou par goût allaient à ce spectacle, ne pouvaient s'empêcher de rire en voyant M. Visage sur la scene, depuis le récit que j'avais fait de sa maniere de déclamer : il paraissait encore à leurs yeux un plus plaisant Visage.

Mons Visage s'en apperçut, & imagina un dialogue fort drôle [par le fond], pour s'excuser envers les spectateurs des reproches que je lui avois faits. Voici à-peu-près quel étoit ce dialogue, dont il ne me reste qu'une légere idée. Le lecteur voudra bien m'excuser si des traits aussi sublimes ne se classent pas dans ma mémoire. Visage, en arrivant sur la scene, le Désœuvré à la main, avec un sien acteur auquel il disait : *Monsieur, connoissez-vous ce livre-ci?* L'acolyte après l'avoir parcouru, répondait; *non, monsieur; mais j'en ai entendu parler comme d'une brochure diffamatoire, indigne d'occuper les honnetes gens.*

VISAGE.

Vous dites vrai; hé bien, dans ce libelle affreux, on ose me taxer d'être un braillard, qu'on entend d'une lieue à la ronde!

L'ACOLYTE.

Vous, monsieur, un braillard! quelle calomnie! il est vrai que vous avez l'organe mâle; mais il est plein & sonore.

VISAGE.

Non, je conviens qu'il est un peu enroué; mais il n'est pas criard. On m'accuse de plus, le croiriez-vous? on m'accuse de manquer d'intelligence.

L'ACOLYTE.

Vous, manquer d'intelligence!

VISAGE.

Oui, mon ami, [ici, Visage oublie qu'il est directeur, par l'habitude qu'il a contractée de *ripailler* avec ses sujets], *oui, on me prête ce défaut; que vous en semble?*

L'ACOLYTE.

C'est une calomnie formée par des envieux, dont l'indulgence de ces messieurs, qui sont juges de vos talens saura vous venger, &c., &c., &c.

Et l'auditoire d'applaudir, & l'auditoire d'applaudir, & de crier *bravo !* Quoique ces applaudissemens me paruſſent émanés d'une pure dériſion, j'en fus la dupe, juſqu'au moment où ſortant de ce ſpectacle, j'entendis un Savoyard qui diſait à la porte à monſieur Viſage, *hé bien ! êtes-vous content de moi ? ai-je bien claqué & crié bravo ?*

Je me trouvai un jour à ce ſpectacle à une repréſentation de *Béverley* ; Viſage y jouait ce perſonnage. A l'endroit où il ſe mit à beugler : *Nature, tu frémis ?* le mal-adroit caſſa le verre, & déconcerté, ne ſachant comment faire, eut la gaucherie de boire dans le creux de ſa main. Jugez par cet échantillon, de l'idée que vous pouvez vous former de ce ſpectacle. Avant que la police eût interdit les repréſentations de nuit, les filles ſe portaient en foule dans ce taudion, parce que là, au milieu de la groſſe joie qui y regne, elles paſſaient autant de caprices qu'elles voulaient ; de petites loges qu'on leur avait permiſes ne laiſſaient rien à deſirer pour la commodité. Les vieillards qui ſe contentaient du *toucher* y étaient ſervis à ſouhait ; c'était le rendez-vous de toutes les prêtreſſes de la Montigni & de la Dumas. La ſuppreſſion des repréſentations nocturnes a fait auſſi ceſſer ces innocentes aſſemblées. O vertu! on ne cessera donc jamais de te persécuter.

Malgré que ce taudion ne soit habité que par les décroteurs & les filles du boulevard, tant marchandes de pommes que donneuses de *gazettes à la main*, les associés retirent chacun par an près de deux mille écus tous frais faits, quoique l'archevèque les contraigne, comme Audinot, Nicolet & les Variétés, a donner le quart de leur recette aux pauvres tous les dimanches & jeudis.

Ils viennent de faire construire une salle à la foire Saint-Laurent, qui leur revient à trente mille livres. Qu'on les laisse faire, & avant une dixaine d'années, ils dameront le pion à Nicolet & à Audinot.

Ce théatre est celui où M. Fardeau, procureur au Châtelet, & M. Mercier, le dramaturge, font jouer leurs productions. On y donne très-souvent *la Brouette du vinaigrier*; & M. Mercier n'a fait représenter son *Jenneval* sur le théatre italien, qu'après en avoir essayé l'effet sur les tonneaux des associés. M. Fardeau, à son exemple, ne fait plus imprimer de pieces qu'elles n'aient été jouées dix ou vingt fois par les acteurs des Visage & des Salé. On est en attendant l'impression de la *Grenade*, & d'une autre piece faite à l'occasion des couches de la Reine, jouées l'année passée, & forties du cerveau fécond de ce *pesant Fardeau.*

CHAPITRE IX.

Les grands danseurs du Roi.

COMMENT parlerons-nous de l'immortel directeur de cette troupe? Sera-ce comme homme de lettres, comme citoyen, comme musicien, comme comédien, ou comme homme d'esprit? Non, d'abord comme *homme de lettres*; cela ne se peut pas, puisqu'il ne sait ni lire ni écrire. Comme *citoyen*, ce titre ne peut appartenir à un bateleur. Comme *musicien?* comment prendrait-il ce titre, puisqu'il n'a jamais pu distinguer la différence de la clef de sa chambre d'avec la clef de gé-ré-sol. Je vais, à propos de musicien, rapporter quelques balourdises de notre moderne Ragotin, qui, si elles ne font point rire de plaisir, feront au moins rire de pitié. Nous reviendrons toujours bien aux titres de comédien & d'homme d'esprit.

Nicolet a un orchestre composé de tant de musiciens : peu lui importe qu'ils soient bons ou mauvais, pourvu qu'ils soient le nombre qu'il exige, & qu'ils rempliſſent ſon orcheſtre; qu'ils jouent faux ou juſte, il ne s'en apperçoit jamais. Mais quoiqu'il n'ait aucune connaiſſance dans cette partie, il ne s'enſuit pas de là qu'il ne veuille point avoir l'air de s'y connoître, & nous allons en voir la preuve. Un ſoir j'aſſiſtai furtivement à une répétition; car il n'y ſouffre perſonne: on étudiait un ballet. Je ne ſais quelle danſeuſe répétait un pas ſeule; il prit fantaiſie à Nicolet, en éſſuyant le tabac de deſſus ſon habit, de trouver ce pas trop long. Il fit taire toute la muſique, & ordonna qu'on en retranchât le quart. Après quelques difficultés de la part du maître des ballets & des muſiciens, ils convinrent qu'il avait raiſon, & qu'ils allaient en retrancher huit meſures. La danſeuſe ſe met en place, recommence; on exécute le pas comme auparavant, ſans y rien changer, & Nicolet de s'écrier, *bravo!* demandant même ſi on ne trouvait pas que c'était beaucoup mieux ainſi. Un autre jour, [je ſais ceci d'un de ſes acteurs], on répétait généralement une pantomime. Un muſicien avait les bras croiſés, en attendant que ſon tour vînt de jouer ſa partie. Nicolet qui l'apperçoit accourt vite, fait tout arrêter, & demande pourquoi il reſte ainſi à ſe repoſer, tandis que ſes camarades s'eſcriment de toute leur force? Ce muſicien qui jouait de la quinte, lui répond qu'il compte des meſures.

Eſt-ce que je vous *paie* pour compter des meſures? Jouez, monſieur, jouez; je *paie* ici pour qu'on joue. --- La réflexion qu'on ferait s'étendrait trop loin; il vaut mieux retourner où nous en étions reſté : c'eſt, je penſe, à le conſidérer comme *comédien* & comme *homme d'eſprit.* Il joua la comédie ſur la parade & dans ſon ſpectacle : mais cela ne prouve pas qu'il ſoit comédien; car on peut dire de lui, comme de cet acteur de province, qu'il jouait les *financiers* comme les *arlequins*, & les *arlequins* comme les *financiers.* Tel étoit l'emploi de cet hiſtrion. Dieu merci il ne joue plus; ainſi ſoit-il! il faut remercier Dieu de tout. En revanche ſon épouſe a beaucoup joué après lui; il n'y a que quelques mois que madame a quitté les planches. On ne peut refuſer quelques talens à cette femme; elle débitait ſes rôles avec beaucoup de facilité & de naturel; mais depuis quelque tems, madame, gâtée par les bontés du public, ne jouait plus qu'avec un air indifférent, parlant à peine pour ſe faire entendre au bord des rampes. Le public, qui accorde ſes faveurs à l'acteur qui paraît chaque jour par de nouveaux efforts capter ſon indulgence, témoigne bientôt ſon dégoût & ſa haine à celui qui ſemble ne plus ſe montrer à lui qu'avec la certitude de plaire, ayant l'air de dire : *me voilà, applaudiſſez-moi, je joue comme*

un

un ange. La dame Nicolet avec ce ton déplut aux ſpectateurs, au point qu'ils commencerent par lui crier *plus haut*, & finirent par la *huer*. Outrée, elle promit de ne plus remettre le pied ſur le théatre, & on ne s'eſt pas encore apperçu de cette perte. Celle qui la remplace dans les grands rôles, eſt la belle la Foreſt, entrée à ce théatre en 1777, ſortie en 1778, pour être entretenue par Bertin, miniſtre des parties caſuelles, & rentrée en 1780. Il parut alors, dans le Journal de Paris, ces vers que le petit Mayeur lui adreſſa à ce ſujet :

Vers à mademoiſelle Sophie Foreſt, ſur ſa rentrée au théatre de Nicolet.

Les plaiſirs, l'enjoûment, les graces,
Et les ris, les jeux & l'amour,
Ayant fui loin de ce ſéjour
Pour s'attacher à tes traces;
Ici tout n'offroit plus qu'un immortel ennui,
Et tout était en ſouciance,
Où par l'effet de ta préſence,
Tout eſt plaiſir aujourd'hui.
Vien, tendre nourriſſon de l'aimable Thalie,
Vien recevoir l'encens de mille adorateurs,
Et la couronne chérie,
Due à tes talens enchanteurs.
Le public empreſſé que ton retour ramene,
T'attend d'un air ſatisfait;

Le moment eſt venu, tu parais ſur la ſcene,
Et ton triomphe eſt complet.
Eſt-ce bien ſœur Agnès (1) ! Non, d'Amour c'eſt la mere;
Voilà ſes traits, ſon ſouris enchanteur,
Et ce tendre abandon, aliment du bonheur.
Oui, c'eſt Vénus, qui déſertant Cythere,
Sous un déguiſement trompeur,
Voudrait reſter inconnue à la terre,
Mais chacun la devine au trouble de ſon cœur.

Nous reviendrons ſur le compte de cette jeune actrice. Continuons à nous entretenir de Nicolet. Sa femme, qui, heureuſement a l'eſprit d'arrangement & d'économie qui convient pour conduire une maiſon, a la diſpoſition du coffre-fort; car il le dépenſerait auſſi ſottement qu'il l'a amaſſé, le moindre petit minois qui lui donnerait dans l'œil, ſerait ſûr de lui tirer juſqu'au dernier ſol. Auſſi ſa femme a-t-elle ſoin de borner ſa dépenſe : on lui met réguliérement tous les matins dans ſon gouſſet dix écus, ce qui fait environ onze mille huit cents livres par an. Mais il jouit de ſoixante mille : ainſi vous voyez qu'il en eſt encore loin.

Une fille qui a bien aimée, & pour laquelle il a fait les plus grandes folies, eſt une certaine Riviere, danſeuſe à ſon théatre. Il lui donnait dix mille livres d'appointemens, & quinze louis

(1) Nom d'un perſonnage qu'elle joue dans l'*Amour quêteur*.

par mois pour ses menus plaisirs, la dépense de sa maison payée. Mais cette petite coquine amoureuse des deux sexes, n'a jamais amassé un sol. Cela est assez facile à croire. La premiere *gouine* qui lui plaisait, elle l'entretenait comme elle avait entretenu le petit Diable, Talon, Placide, &c. &c. &c. qui, l'un après l'autre, lui passerent sur leucorps. Malgré cette conduite infame, Nicolet ne pouvait s'empêcher de l'adorer, par la raison que l'amour est aveugle.

> Tel par sa pente naturelle,
> Par une erreur toujours nouvelle,
> Quoiqu'il semble changer son cours,
> Autour de la flamme infidelle,
> Le papillon revient toujours.

Mais sa femme outrée à la fin de devenir la risée d'un chacun, fit tant & tant que Nicolet se vit contraint de renvoyer Riviere, qui n'a aujourd'hui que les boulevards & le Palais-Royal pour subsister. On avait fait courir le bruit qu'en sortant de la *Riviere* il était entré dans la *Forest*; mais c'est une fausseté, Nicolet m'a assuré lui-même qu'il ne l'avait jamais eue.

La beauté qui, maintenant le retient dans ses fers, est la grande sotte de Fournier, sortie de chez Audinot à Pâque pour entrer chez lui. Ceux qui l'espionnent, disent qu'il va tous les soirs, avant ou après souper, chez elle passer quelques heures, & que l'appartement qu'elle occupe étant très-petit, le tout sans difficulté se passe devant la mere, qui s'y prête avec tout le zele dont est capable en pareil cas la mere d'une fille de théatre pour Nicolet. Son destin étant d'être toujours *cocu*, c'est dans ce moment *le beau* Dupuis, l'un de ses sauteurs qui lui en fait porter. Ce Dupuis est un assez bel homme, mais bête comme un hanneton, & sale comme un porc. A propos, il me semble que j'ai oublié d'analyser Nicolet comme *homme d'esprit*. O ciel! qu'allais-je faire? c'est ici son triomphe; il ne faut, pour ne point lui disputer ce titre, que jetter un coup-d'œil sur son affiche: On donnera aujourd'hui le Dogue d'Angleterre, pantomime *à machine*, *pour rire*. Sur le répertoire de la semaine, il y aura assemblée générale pour tout le monde: à ses valets de théatre, montez *là-haut*, descendez *là-bas*, sonnez *la sonnette*, allumez *la lumiere*; il faut qu'on répete encore cette piece-là, *afin que la mémoire* ne s'oublie pas. On ne finirait jamais, si l'on vouloit scruter toute l'élégance de son esprit: mais c'est, je pense, assez s'étendre sur ce chapitre. Voyons séparément quelques uns de ses acteurs & actrices: le champ est vaste, il y a de quoi glaner.

CHAPITRE X.

De toute la troupe en général.

C'est un composé de bon & de mauvais, de bizarre, d'extravagant, & qui cependant amuse quelquefois par la variété. S'il n'avait point ses sauteurs & ses pantomimes d'arlequinades, ça serait froid ; avec ces deux objets, c'est sot & ennuyeux. Sans ces acteurs, cela serait insupportable ; avec eux, c'est très-souvent insipide. Si on n'y voyait point de ballets, son spectacle serait moins divertissant ; il y en a, on ne s'en apperçoit pas. Sans ses musiciens on dormirait ; en les écoutant on bâille. Si ce spectacle n'existait pas, personne n'y songerait ; il existe, on s'y rend par habitude.

Pariseau qui se fourre par-tout où il voit jour à attrapper quelques louis, vient de donner à ce théatre sa pantomime d'*Adelaïde*, sous le titre de *Sophie de Brabant*. Elle a amené du monde pendant quelques jours ; mais le public, trompé par le nouveau titre, s'est retiré en pestant contre les *astuces* de Nicolet. *Le Parasite*, qu'on donne maintenant, a été aussi vendu par Pariseau à Nicolet qui, n'ayant nulle connaissance en littécature, n'a pas reconnu le proverbe de Carmontel. On prépare maintenant *la Pantoufle*, qui, dit-on, n'aura pas lieu, parce que Nicolet commence à s'appercevoir que mons Pariseau veut s'introduire chez lui petit à petit pour finir par le duper. Il aurait pourtant, à ce qu'on dit, grand besoin de vendre sa vieille *Pantoufle*, pour s'acheter des souliers neufs.

CHAPITRE XI.

Madame Nicolet.

Elle ne joue plus ; elle vient de se retirer depuis peu [quoique ses attraits le fussent déjà depuis long-tems], pour avoir plus de tems à contempler en liberté l'*amie* qu'elle s'est choisie, & qu'elle chérit autant que Raucourt chérissait Soulke. Madame Nicolet, cette créature haute & fiere ; oubliant qu'elle a raccommodé des bas dans un tonneau, comme la *belle Margot*, ne vous rend jamais le salut que vous êtes assez sot de lui donner ; feint par ton d'avoir l'ouie dure ; a l'imprudence de se mettre dans une loge de son spectacle, & d'y lorgner le public, affottée de sa figure, & se croyant accomplie, ce qui lui a valu de ma part cette épigramme.

Épigramme à madame Nicolet qui se croit accomplie.

Vous prétendez sans doute, aimable Céliante,
Qu'on ne saurait vous voir sans vous trouver charmante;
Votre systême est faux : car moi sans m'arroger,
Comme un amas de foux, le droit de vous juger,
Ni même de vos traits faire ici l'analyse;
Pour m'éclaircir d'un fait qu'on m'avait affirmé,
J'assurerai qu'un jour, en passant par l'église,
Mon soupçon par mes yeux fut bientôt confirmé.
J'y vis autour de vous cent beautés réunies :
Et ce que le pasteur chanta,
Ce que le peuple répéta,
M'assura qu'en effet vous étiez accomplie.

CHAPITRE XII.

Nicolet.

Toujours sur son théatre pendant que ses sauteurs s'escriment, ou que le petit Diable danse sur la corde, ce qui a donné matiere à une excellente critique qu'a présentée Audinot cette année, sous le titre de *Rapsodies*, siffler à tout moment sans nécessité, par la grande habitude qu'il en a; dormir dans sa loge pendant qu'on joue la comédie, ou y amener une petite danseuse, & pour un billet de spectacle, ou un écu de six livres, voir si la nature fait chez elle d'heureux progrès, ou distiller dans les mains blanches de cette belle le plaisir qu'elle lui fait goûter; retourner siffler pour baisser une toile, éteindre lui-même ses chandelles; balayer son théatre; mettre beaucoup d'amendes sans raison; être sans cesse de son théatre sur le boulevard, & du boulevard sur son théatre; prendre journellement de fortes prises de tabac, *ecce homo.*

CHAPITRE XIII.

Des actrices en particulier.

Mademoiselle Forest.

LE physique d'une Vénus, charmante dans tout les rôles de paysannes, d'Agnès, de petites maîtresses; mais dans les grands rôles de pieces & de pantomimes, pas assez de noblesse, trop de roideur dans ses gestes. Il est si aisé d'arrondir ses bras quand on les a beaux! Dans *Jeannette*, inimitable. Voici ce qu'on lit à ce sujet dans le tome XV des *Mémoires secrets*, page 228. " Tous „ les spectacles ont successivement leur moment „ de splendeur. C'est aujourd'hui celui de Nicolet

„ qui attire la foule aux boulevards. Une actrice „ nommée la Forest, la plus jolie créature qu'il „ soit possible de voir, rentrée depuis peu à ce „ théatre, en fait les plus beaux jours, & excite „ la verve des poëtes. M. Robineau, infatigable „ auteur de pieces foraines, en a composé une „ pour mademoiselle la Forest, intitulée : *Jeannette, ou les battus ne paient pas toujours l'amende*, l'inverse de celle des *Variétés amusantes*; & l'on trouve Jeannette supérieure à „ Jeannot. „

L'abbé Robineau dont il est ici question, lui envoya ce quatrain le lendemain de la premiere représentation de sa piece.

A Jeannette.

Le public indulgent sourit à mon ouvrage;
Vos talens m'ont valu ce succès si flatteur:
C'est à vous que j'en fais hommage.
Je vous dois tout..... hors le bonheur.

Il en fut amoureux, fou, en effet, à ce qu'on prétend; mais n'ayant pu rien obtenir d'elle, on dit qu'il s'en consola en faisant courir contr'elle des couplets affreux dans lesquels le petit Mayeur, qui était alors le préféré, était aussi vilipendé. Mais l'acteur s'en vengea par d'autres couplets, dont il donna une copie à chacun de ses camarades. Je les tiens d'un nommé Ribié, grand ami du petit Mayeur.

Couplets nouveaux.

Air : *A mon cœur dans ce séjour,*
Tout peint l'amour, tout n'est qu'amour.

La fleur de notre village,
Annette, à l'âge
De dix-huit ans,
Brille de mille agrémens ;
Chaque berger lui rend hommage :
Mais pour lui plaire, en un mot,
Il ne faut pas être manchot (1).

Chacun à cette bergere,
D'un cœur sincere
Veut faire don ;
Mais, hélas ! le sage Damon (2)
A seul le secret de lui plaire ;
Et pour lui plaire, en un mot,
Il ne faut pas être manchot.

Un abbé plein d'arrogance,
De suffisance,
Voulut un jour
L'ennuyer de son amour.
Elle l'exclut de sa présence :

(1) L'abbé Robineau n'a qu'un moignon au bras droit.

(2) La Rousse, son entreteneur, dont on parlera dans l'instant.

Car pour lui plaire, en un mot,
Il ne faut pas être manchot.

Quand il voit qu'on le déteste,
Il jure, il peste
Dans mille écrits (1);
Mais un souverain mépris,
Est pour lui tout ce qui nous reste :
Car pour nous plaire, en un mot,
Il ne faut pas être manchot.

On m'a assuré que l'abbé, outré contre le bateleur, avait porté plainte au lieutenant de police. C'est une plaisante chose que l'intérieur de tous ces tripots-là.

Un certain la Rousse, que nous avons nommé déjà ci-dessus, fruitier retiré avec quinze à seize mille livres de rentes, est, dit-on, celui qui eut les premieres faveurs de la belle la Forest. On assure que ce plaisant personnage veut se donner des airs qui, loin de cacher sa basse origine, ne servent qu'à la rappeller sans cesse ; ce qui a donné lieu à le qualifier du titre du *Marquis des Poirées*.

Bertin, ministre des parties casuelles, étant venu sur les brisées du Marquis des Poirées, il était juste qu'il eût la préférence. Il logea superbement sa nouvelle maîtresse dans la rue Popin-

(1) Allusion à ses couplets.

court au Pont-aux-Choux, & lui donna pour soixante mille francs de meubles. Elle resta un an avec ce vieux débauché qui, dit-on, prenait tout son plaisir à caresser sa jolie coquille avec la partie la plus *élastique* de la bouche. Soit brouillerie ou refroidissement, au bout de l'année la Forest rentra chez Nicolet, & repassa dans les bras de son ami, le *Marquis des Légumes*, qui en est fou, & avec lequel elle vit fort décemment.

CHAPITRE XIV.

Mademoiselle la France.

MADEMOISELLE la France, fille d'un nommé la France, jouant les rôles d'arlequin à ce théâtre, grande, seche, noire, barbue, la denture puante, [*Abdalmaleck*, ou *Abdalmelik*, fils de *Marvau*, cinquieme caïphe de la race des Omiades, pouvant seul faire le pendant à mademoiselle la France ; il avait l'haleine si puante, que les mouches qui se reposoient sur ses levres mouraient], marchant comme une oie ; voilà son physique : mielleuse dans son parler, l'air froid en apparence, mais très-amoureuse dans le fond ; voilà son moral. Elle s'appliqua sur l'estomac quelques-uns des comédiens & des danſeurs qui lui plurent le plus, & finit par le maniéré Talon ; ce qui fit dire plaiſamment *que la France ſe donnait du Talon dans le cul.* La plaiſanterie eut ſon effet ; car au bout de neuf mois la France accoucha d'un petit marmot dont le petit *bancroche de* Talon était le pere. Cet enfant a maintenant cinq ans & demi, ſe porte à merveille, & a pour nom Saint-Arnoul ; il fallait bien lui trouver un nom. Le petit Talon s'étant dégoûté de la *dégoûtante* la France, jetta ſes filets d'un autre côté, & mademoiſelle la France bannit le chagrin qu'elle eut de quitter ce perfide, en ſe faiſant faire un autre enfant dont elle va bientôt accoucher. Sera-t-il fille ou garçon ? quel nom portera-t-il ? C'eſt ce que nous dirons dans la ſeconde édition de cet ouvrage.

CHAPITRE XV.

Mademoiselle Rosalie.

CETTE pietre banboche, de trois pieds & demi de haut, a commencé par jouer la comédie en bourgeoisie. Elle remplissait les rôles de soubrettes avec assez d'intelligence. Cagnette, grippe-sou à la ville, en devint amoureux, & vécut avec elle. Vous sentez bien qu'il ne fut pas seul possesseur de ses charmes; mais j'ai oublié les noms de ceux des acteurs bourgeois qui en firent porter au gros Cagnette. On sait particuliérement qu'elle eut Morisaut, directeur du théatre sur lequel elle jouait. Mais on n'en parle point, parce qu'elle ne se prêtait aux desirs de ce dernier que par pure commisération. Quelques amis lui conseillerent d'entrer au spectacle de Nicolet. Elle s'engagea chez ce bateleur, conservant toujours son ami le grippe-sou; mais elle lui associait l'*élégant* Hochereau, officier de la garde de Paris; ensuite le Lievre, acteur de Nicolet, ensuite l'abbé Robineau; ensuite la Rousse, ce Marquis des Poirées en question, qui la laissa pour la Forest; mais celui-ci, c'était tout différent, il payait; ensuite de Lor, acteur de Nicolet;

ensuite Mayeur, ensuite &c., &c., &c., &c., &c. & combien d'autres &c.!

Avec autant de fatigue, il n'est pas étonnant qu'une femme voie en peu de tems les roses & les lys de son visage se flétrir, aussi se flétrirent-ils; mais ils ne l'étaient pas encore tout-à-fait, quand un nigaud de Bougier, homme de bureau, & pilier des grands danseurs du Roi, se prit de belle passion pour elle, & fit la folie de l'épouser. Elle eut de lui plusieurs enfans, dont il ne reste que deux. D'autres disent qu'il avait pris *la vache & le veau.* Moi qui n'aime point à médire, je dis qu'il n'a pas pris grand'chose. Elle est maintenant d'une laideur affreuse, le teint morne & livide, les yeux hagards, les joues creuses; elle n'est un peu supportable que sur les planches, où elle a soin de ne point se montrer sans beaucoup de blanc & de rouge, avec l'attention de toujours affecter de rire pour remplir le vuide de ses joues.

Eh bien, avec tout cela elle a trouvé encore un assez jeune marquis, qui a bien voulu prendre la peine de faire son mari *cocu*, & qui lui donne de tems en tems quelques louis, avec quoi elle achete les chiffons dont elle a besoin, & que son mari lui refuse, par le peu d'argent qui lui reste, vu les cadeaux qu'il est obligé de faire à une certaine Fanfan, concubine dont il s'est nouvellement épris. Cette Messaline vient de lui donner de quoi se ressouvenir d'elle pendant six semaines ; ce que, sans le savoir, il a transmis à sa femme, & que sa femme a par contre-coup donné à son marquis. *O tempora ! ô mores !*

CHAPITRE XVI.

Des demoiselles Langlois, Fournier, Seurette, Bellingant, Alphonsine, &c. &c. &c.

LA *premiere*, premiere danseuse, est une petite tribade qui en conte & s'amuse avec toutes les autres danseuses. Son maintien est décent, mais sa conduite très-libertine. Elle fut dépucelée par un certain *Chevalier* qui, parce qu'il porte ce nom, s'en donne la qualité. C'est un grand escogriffe, qui vit d'escroqueries sur le pavé de Paris ; & il s'en excuse en disant qu'il a bien des confreres. Pour revenir à la Langlois, depuis quelques jours, elle semble partager ses plaisirs entre les deux sexes. Léger, son danseur, a remplacé le grand *Chevalier*. Cependant regardez les ensemble, vous lui verrez toujours la vue baissée ; mais c'est qu'elle est attachée sur le bouton de culotte du sieur Léger.

La

La *seconde* qui sort, comme je l'ai déjà dit ; de chez Audinot, sert aux plaisirs du gros dindon de Nicolet, & s'en dédommage avec le *beau* Dupuis, sauteur, qui a plutôt l'air d'un fort de la halle que d'un danseur.

La *troisieme* est sœur de la France : elle était folle du petit Diable. Il vient de partir pour l'Angleterre. Celui qui se présentera sera bien venu ; car il lui en faut, à quelque prix que ce soit. *Desir de fille est un feu qui dévore.*

La *quatrieme* est une danseuse qui, avant d'être chez Nicolet, était aux Variétés ; elle vivait avec un premier danseur appellé Ruflet, un coupe-jarret & un croc qui lui fit un enfant. Volange, le sot Volange [car il faut l'être pour s'être conduit comme il l'a fait], a desiré de voir si elle dansait aussi-bien au lit qu'au théatre. Après lui ce fut un coëffeur qui s'endetta pour cette belle, & fut contraint de la laisser là, s'apercevant, mais trop tard, qu'il était sa dupe. Après lui, l'avantageux Ribier qui, à son tour, lui mangea le peu qu'elle avait, lui donna du mal, la battit, la quitta, & en est toujours aimé. Elle vient de se faire donner quelques meubles par un sieur le B***, cadet, qui, dit-on, finira par la maltraiter. Voilà une fille bien heureuse !

La *cinquieme*, c'est une petite coquine de la plus jolie figure du monde, donnant de l'amour à qui veut en prendre, & n'en prenant pour personne. Elle commença par appartenir à un sieur Neveux, acteur d'Audinot; elle n'avait alors que douze ans; elle en a maintenant quinze. Ensuite elle coucha avec un libertin nommé Boudet, qui l'a mise dans le cas d'aller d'accord avec son cher Neveux, consulter le *rob* du sieur Laffecteur. Audinot en devint amoureux : il lui fit meubler un appartement dans le fauxbourg du Temple; mais le petit *fat* de Mayeur, toujours à l'affût du nouveau gibier qui se présentait, eut envie d'elle, lui dit, en fit ce qu'il voulut; & Audinot, instruit de la conduite de sa Vénus, la chassa de son appartement & de son théatre. Nicolet fut son refuge; elle était jolie; il la reçut à bras ouverts; coucha avec elle environ quinze jours, & la laissa passer au *chevalier de Séguer*, qui l'entretient assez bien. Elle fut brouillée quelques jours avec lui, par la raison que pendant un voyage qu'il fut forcé de faire, elle lui en fit porter par un Américain, dont elle est maintenant grosse. Mais quel pouvoir les femmes n'ont-elles par sur nous! Elle parvint à persuader Séguer qu'elle lui avait été fidelle, que l'enfant est de lui, & il continue de lui faire du bien.

Toutes les autres sont en attendant de bonnes fortunes, ou font ce que leur âge peut leur permettre. Celles fur-tout qui ont de jolies mains, ont foin de les faire remarquer aux amateurs.

CHAPITRE XVII.

Des acteurs.

Talon.

CE petit bon-homme eſt d'une impudence extrême, & a l'air de chercher chaque jour à l'augmenter. Il ferait beaucoup mieux d'employer fon tems, & de s'appliquer à corriger fon jeu *roide & maniéré.* C'eſt fur-tout dans les momens où il veut copier Molé qu'il eſt déteſtable. Mayeur, dans fa préface de fon *Eleve de la nature*, fait un éloge de Talon, qui, je crois, n'eſt qu'une ironie adroite. Cependant il lui reproche auſſi de faire le petit Molé. En parlant de *Molé*, voilà fon camarade qui vient de faire une belle équipée : comment ce lait b..... s'eſt, dit-on, laiſſé prendre en flagrant-délit avec un jeune homme aux Tuileries ! Il eſt malheureux qu'un garçon d'autant de mérite ait cet abominable défaut. Contraint de s'expatrier, il eſt paſſé en Suede, où il fut très bien accueilli du Roi, qui lui fais une penſion de vingt mille livres pour être fon lecteur, & l'un des premiers comédiens de sa troupe. Si c'est ainsi qu'on punit le vice, on le verra bientôt se propager à l'infini.

Mademoiselle Arnoul, fertile en bons mots, vient d'en faire un qui est fort plaisant à propos de ce sodomiste histrion. On s'entretenait de lui & de sa fuite, lorsqu'elle ajouta : *Messieurs, je ne suis point du tout surprise de son départ ; voilà tant d'incendie, le pauvre garçon a craint la rôtie.* Une femme de condition, chez laquelle je dînais cette semaine, voulant se faire entendre sur l'éloignement de Monvel, dit à quelques personnes qui lui demandaient pourquoi ce comédien avait fui, *c'est qu'on l'accuse d'avoir volé une paire de manchettes, & qu'il est très-sujet à cette espece de friponnerie.* En effet, il y a déjà plusieurs années que Monvel jouissait de cette brillante réputation ; il osait même applaudir tout haut à ceux qui montraient le même ridicule dans leurs goûts. Voici une épître qu'il adressa l'année précédente à Raucour.

Epitre à une jolie Lesbienne.

Oui, la plus belle des *Didons*,
Chaste un peu moins que Pénélope,
Dans ce pays d'illusions,
Il n'est rien que nous ne fassions
Pour fuir l'ennui qui nous galope!

Plumes en l'air, nez en avant,
On court grimpé sur la chimere,
Vers le plaisir qui fuit d'autant,
Toujours séduit, toujours enfant.
On aime, on plait à sa maniere :
L'un atteint l'amour pardevant,
L'autre l'attrape parderriere (1).
Le caprice est ce qui nous meut ;
Le Diable emporte les scrupules !
Tout le monde a des ridicules,
Mais n'a pas des vices qui veut.
Du tien ne va pas te défaire :
Dans la Grece on en faisait cas ;
Et sur le vice on sait, ma chere,
Que les Grecs étaient délicats.
Dans Rome, encor ville exemplaire,
Messaline, *Actée* ou *Glycere*,
Ne t'auraient point cédé le pas.
Jours de débauche & de lumiere,
Beaux jours de la corruption !
Les petits soupers de *Néron*
Auraient bien été ton affaire.
Là, point de censeur insolent ;
Là, cent beautés plus que mondaines,
Au corps souple, à l'œil pétulant,
Auraient imité ton talent,
Sans t'égaler dans tes fredaines.
Saint *Jérôme* cite souvent
Le tempérament des *Romaines*.

(1) Et Monvel était de ceux-là.

Quoi qu'il en soit, au gré du tien,
Eduque nos Parisiennes :
Il est des excès, qu'en tout bien
Il faudra que tu leur apprennes :
Ceignant le pampre & le laurier,
N'obéis qu'à la fantaisie ;
Gardes ton essor cavalier,
Et ton audace & ton génie,
Et cet amour peu familier,
Dont le costume irrégulier
Tente la bonne compagnie :
Montes le matin un coursier
D'Angleterre ou d'Andalousie,
Aime le soir Soulke ou Sophie :
Le lendemain viens larmoyer,
Tenant l'urne de *Cornélie*.
Le parterre a beau guerroyer,
Laisse en héros siffler l'envie.
Tout va, tout prend, tout nous est bon ;
Nous aimons à voir une Reine,
En pet-en-l'air, en court jupon,
Beaucoup plus lascive que vaine,
Faire de myrthe une moisson,
Dans ses bras lier sa *Clymene*,
Et mettre sans tant de façon,
La cocarde d'un franc-dragon,
Sur l'oreille de *Melpomene*.
Va, dans ce siecle du bon ton,
Les mœurs sont une singerie,
Et la sagesse une folie.

Nous sommes libertins à fond (1) ;
Par nous tu dois être accueillie.
L'oubli joyeux de la raison,
Est un don du ciel qu'on t'envie,
Nargue les sots, cede à tes goûts,
Donne aux femmes des rendez-vous,
Parle aux hommes philosophie ;
N'en aime aucun, trompe-les tous ;
Sois gaie, inconstante ou jolie ;
Sur la scene, avec énergie,
Vien, prends le sceptre, asservis-nous :
Tien le thyrse dans une orgie,
Et tu n'auras que des jaloux.

Bien des personnes auront pu croire que tous les conseils renfermés dans ces vers ne sont qu'une maniere adroite & délicate de fronder les plaisirs dépravés de Raucour & de Soulke. Mais hélas ! qu'elles se feraient trompées, & auraient mal entré dans les vues de l'auteur, dont on connait les amours avec Barachin, directeur de la manufacture de porcelaine de Seve. Revenons à notre bateleur. Talon commença à jouer la comedie chez Audinot tout petit, & avec quelqu'intelligence ; il passa pour un phénix. Que le sort de ces enfans précoces est à plaindre ! Ils finissent tons par devenir détestables (2). Talon

(1) Il savoit bien se peindre.

(2) Le regne de ces enfans est semblable à celui de ces

n'a pas démenti cette vérité. Son jeu, autrefois séduisant & naturel, est devenu pesant, maniéré & ennuyeux. Peut-être a-t-il toujours été de même ; mais il était jeune : la jeunesse a bien des droits à l'indulgence. Maintenant qu'il est dans l'âge de la censure, les gentillesses qu'il avait alors ne paraissent que des niaiseries, & ses défauts que ses dix années excusaient, ne sont plus à nos yeux qu'une insuffisance de talent. Qu'il se conserve à ses tréteaux tant qu'il pourra, puisqu'on daigne l'y *supporter* ; car en province il serait *insupportable*. Ce n'est pas en ricanant & en braillant qu'on joue la bonne comédie. Je lui conseille aussi de ne pas mener une vie si débordée. Il semble que les gens attachés à ces spectacles, ne se distinguent que par-là.

Insectes dont parle *Aristote*, qui se forment sur le bord du fleuve *Hypanis*, qui tombe du côté de l'Europe dans le *Pont-Euxin*. Ces Insectes ne vivent que l'espace d'un jour : celui qui meurt à deux heures après-midi, meurt bien âgé, & celui qui va jusqu'au coucher du soleil, meurt décrépit.

CHAPITRE XVIII.

Ribié.

Après avoir joué des gobelets & vendu de l'onguent, celui-ci est resté quelques années au théatre des associés, dont j'ai parlé ci-dessus, & de là a pris son vol sur les planches de Nicolet, où il a commencé par végéter un an, après lequel il s'est montré assez passable dans quelques rôles de charges. Il est réputé pour un croc & un libertin de tout genre; sa mise & ses propos le dénotent assez.

CHAPITRE XIX.

Mayeur.

On ne peut refuser à celui-ci un peu d'esprit; il en a montré dans quelques pieces qu'il a fait représenter aux théatres d'Audinot & de Nicolet, chez lequel il est depuis un an, & où il paraît s'ennuyer beaucoup. Pour libertin & mauvais sujet, il ne l'est sûrement pas moins que les autres; mais au moins a-t-il l'art de cacher sa conduite ſous une apparence trompeuſe. D'ailleurs on doit toujours ſavoir gré à un jeune homme qui parait s'occuper à s'inſtruire. J'ai vu ſon *Prix de la beauté*, qui annonce des diſpoſitions. Son *Oiſeau de Lubin* n'eſt autre choſe que *le Roſſignol*, opéra-comique. Ainſi il ne faut pas être grand ſorcier pour en faire autant. Son *Eleve de la nature* n'eſt qu'une copie très imparfaite du *Sauvage apprivoiſé* du théatre d'Audinot, qui lui a fourni ce ſujet. Quant à ſa qualité d'acteur, s'il a jamais fait quelque choſe de prudent & de ſage, c'eſt d'avoir quitté l'emploi des amoureux pour ne jouer que les niais. Il eſt d'une vérité charmante dans les derniers. [Mais je préférerais toujours Baretau à lui.] Et hors les pantomimes qu'il rendait avec aſſez d'intelligence chez Audinot, il n'eſt pas poſſible d'être plus mauvais dans les autres rôles. Je ne vois que Florence à lui oppoſer, ſi toutefois il eſt permis de comparer un acteur Français à un acteur forain.

Ce qui m'a toujours étonné, c'eſt de lui voir journellement pour maitreſſes les plus jolies femmes. Cependant mon étonnement devrait ceſſer en me rappellant le conte de *Joconde*, & la folie des femmes de nos jours pour les *magots* & les *ſinges*.

CHAPITRE XX.

Le Lievre.

CE mauvais acteur, qui depuis quinze ans est à ce spectacle, n'a fait chaque jour que devenir plus détestable. Une querelle élevée entre lui & son directeur, le contraignit de s'absenter de ces tréteaux pour une année, pendant laquelle il eut assez de protections pour obtenir un ordre de début pour les Italiens. Quelques-uns de ses amis lui conseillerent, pour son honneur, de n'en point profiter, & c'étaient de vrais amis. Il se vit par ce moyen forcé de rentrer chez Nicolet, & sa femme aux Variétés, voyant qu'ils mouraient de faim, à faire jouer les marionnettes à Versailles & aux foires.

Le lecteur me dispensera de parler des autres, vu que je n'ai pas de tems à perdre. Je me contenterai de dire un mot des sieurs Placide & Pol, surnommé le *petit Diable*, les premiers qui aient poussé si haut l'art du danseur de corde. Mais autant ces deux vagabonds sont recherchés pour leur talent, autant on fuit leur société. Les filles qui d'habitude composent journellement ce spectacle, leur doivent chacune une nuit : ils sont avec elles ce que font les officiers de garnison envers les femmes des bourgeois ; tant qu'ils sont dans une ville, les beautés qui y demeurent leur appartiennent de droit. Ils sont maintenant en Angleterre, où ils ont manqué de se faire lapider. Placide, frere de la Biglioni des Italiens, qui a couché avec mademoiselle Lescot & la petite Desbrosses, & qui les en a fait repentir, eut la bêtise de danser sur la corde devant tous les *godems* assemblés avec un drapeau aux armes de France. Il a fallu qu'il demandât pardon, comme fit le beau Vestris quelques mois avant, pour une circonstance qu'il est inutile de rapporter, puisque tout les Journaux en ont fait mention, & Placide en a été quitte, ainsi que son cher camarade, pour quelques coups de bâton.

Si l'on ne connaissait pas ces gens-là pour être des danseurs de cordes de Nicolet, on croirait être dans un bois au milieu d'assassins losqu'on les rencontre sur les boulevards. Des pantalons, de longues lévites, un large manteau, chapeau rabattu, cheveux retroussés en natte, & un gros bâton noueux à la main ; voilà la mise de ces messieurs : insulter tout le monde, faire tort à ceux à qui ils doivent, bacchanaler chez tous les marchands de vin du rempart, s'y saouler avec des gredins, voilà leur conduite.

CHAPITRE XXI.

Café de Crêté.

CE café, situé à côté de Nicolet, est le rendez-vous des seuls acteurs & actrices de ce théatre, par la raison que les honnêtes gens voyant ceux qui le composent, rougiraient de s'y attabler. Le comptoir de cette boutique est tenu par madame Crêté, & sa grande fille qui ne céderait pas volontiers cette place, par le plaisir qu'elle trouve à écouter les fadeurs de ceux qui vont lui payer leur dépense : elle s'est même montrée assez facile à soulager de certains adorateurs qui lui juraient de mourir d'amour pour elle, à ce que dit la chronique scandaleuse. Mais est ce un crime que d'avoir une ame sensible ?

Sa mere est une bonne sotte de femme qui voit tout sans s'appercevoir de rien, parce que les soupirans de sa fille vuident toujours de tems en tems quelques bouteilles de biere. Deux autres filles cadettes attendent l'âge de leur sœur pour faire comme elle. Le mari se ruine chez l'ambassadeur de Venise, & mademoiselle Crêté console son pere, en lui disant que si la maison tarit d'argent, elle l'augmentera en progéniture.

CHAPITRE XXII.

Café de l'Ambigu-comique.

CHAQUE spectacle a son café ; celui-ci est tenu par un sieur Fortin, ci devant rue Saint-Honoré, & associé d'une certaine demoiselle Antoine, l'être le plus sot & le plus à prétention qui soit sous le ciel. Pendant que je suis à ce chapitre, le lecteur ne sera peut-être pas fâché de connaître quelques détails sur la vie privée du directeur de l'ambigu. J'avais donné, il y a quelques années, sa confession : mais la police m'en ayant réprimandé, je trouve ici le moyen de me venger. Et pourquoi la vindication nous serait-elle étrangere, à nous simples mortels ? On dit qu'il faut toujours copier plus haut que soi, &

La vengeance est le plaisir des dieux.

CHAPITRE XXIII.

D'Audinot.

Te, histrio, canam.

AUDINOT, né en Lorraine de parens pauvres, gardait les vaches de ses voisins pour se faire un petit revenu, avec lequel il subsistait, ainsi que ses parens qui cultivaient quelque peu de terre. Mais las de faire un tel métier, & ayant entendu dire aux vieilles du voisinage qu'on ne faisait jamais fortune dans son pays, proverbe qui s'effectua pour lui par la suite; il partit un beau matin de Lorraine, des sabots aux pieds, une paire de souliers dans la poche d'une grande veste de bure, la tête cachée sous un épais bonnet de laine, un mauvais chapeau pardessus, à la main une gaule qui, appuyée sur son épaule, soutenait un paquet de quelques chemises de toile grise. Il avait alors ce teint vermeil qu'ont nos villageois; gras, bien portant, un peu halé, à la vérité, mais malgré cela il était d'une figure assez revenante. Quelle différence! Aujourd'hui maigre, décharné, le teint plombé, les joues enfoncées, un regard hypocrite, un corps qui ne respire que par le souffle de l'envie, enfin une existence si éphémere, qu'on croit, en le fixant, voir un spectre animé. Avec cela un mouchoir toujours à la bouche pour cacher une levre livide qui distille le mercure, fruit d'une débauche infame.

Voici les vers que je fis pour mettre au bas de son portrait ressemblant :

Homme d'humeur acariâtre,
Ton teint de couleur olivâtre,
Est bien le teint de Lucifer.
L'indigne démon de ta sorte,
Peut tenir tête à la cohorte,
De tous ces histrions d'enfer.

Lorsqu'il fut arrivé à Paris, son premier soin fut d'aller trouver un de ses freres, qui tenait une boutique de perruquier au fauxbourg Saint-Honoré. Ce frere, bon & humain [il en fut bien récompensé], le reçut à bras ouverts, le logea, & lui fit apprendre son métier. Audinot, qui alors ne cherchait qu'à bien faire, se donna tout entier à cet art, & au bout de quelques mois il parvint à savoir faire une boucle assez proprement. On lui apprit de plus à mettre des papillotes, à raser, & en moins d'un an, Audinot se vit en état de friser & barbifier tous les porteurs d'eau du quartier.

tier. Glorieux de son avancement, il hasarda de coëffer quelques médiocres pratiques qui venaient à la boutique de son frere. Son premier essai se fit sur un garçon de théatre de l'*opéra-comique*. Il le coupa par fois en le rasant; mais devenu plus au fait, il parvint à le contenter si bien, que ce valet de théatre enchanté lui promit de lui rendre service dans l'occasion. Depuis ce moment ils furent les meilleurs amis du monde. Audinot, qui en gardant ses vaches s'amusait à chantroller à tort & à travers pour tuer le tems, s'escrimait un jour dans sa soupente, quand le valet de théatre vint se faire donner un coup de peigne par son cher ami *Audinot*, & lui apprendre qu'il avait parlé à un acteur, qui venait de renvoyer son perruquier, & qu'il allait lui faire avoir sa pratique. En effet, le surlendemain il vint le chercher pour le présenter à l'acteur en question. Audinot parut devant lui courbé, le chapeau à la main. Notre acteur, aussi fat que ses pareils, ne daigne pas seulement jeter un regard sur le nouveau *frater*; il lui dit fort brusquement [comme fait Audinot aujourd'hui], *allons, coëffe-moi*. Audinot ayant pris son peigne, se mit en devoir; mais encore gauche pour une pareille tête, il faillit de ne pouvoir achever son accommodage. Intimidé par les *ô le mal-adroit! ô le sot!* dont le gratifiait notre acteur à chaque coup de peigne qu'il lui donnait, il parvint pourtant à le finir de son mieux, mais très-mal, & demanda avec tant d'instances la permission de revenir, que l'acteur le lui permit, en lui recommandant sur-tout de se défaire de sa mal-adresse. Audinot satisfait, ne fait qu'un saut de cette maison dans la boutique de son frere, à qui il conte sa bonne fortune. Un matin, qu'en attendant le lever du comédien il s'amusait dans son antichambre à chanter un air lorrain, l'acteur l'entend, le fait entrer, & tandis qu'il l'accommode, lui demande s'il serait content de cultiver sa voix. Audinot répond qu'oui, mais que ses moyens ne le lui permettent pas. L'acteur satisfait de sa réponse, lui fait apprendre à chanter, & bientôt Audinot se trouve en état de remplir un rôle. On le fit débuter; il fut assez mal accueilli, mais on s'accoutuma à le voir. Le feu prince de Conti, l'ayant pris en amitié, le fit jouer dans la troupe de Versailles, de-là à l'Isle-Adam, à Bordeaux, & de-là aux Italiens, où il eut bien de la peine à être souffert. Un jour qu'il jouait *le Tonnelier* [1], on le siffla si fort qu'il ne put sortir du tonneau. Le lendemain, son frere ayant distribué cinquante billets de parterre à ses

[1] Il s'attribue cette piece; mais je connais Quétant, l'auteur du *Maréchal*, & Rigade, maître de musique, qui s'en disent les auteurs.

amis, on l'applaudit; & petit à petit, affectant à la scene un air soumis & respectueux, on le souffrit. Il parvint même à se faire beaucoup aimer dans les rôles de *Savetiers*. C'est dans ce tems qu'il fit connoissance avec cette femme la Prairie, qui, quoique mariée, lui accorda ses faveurs. Il eut d'elle deux filles, dont l'une est entretenue par le prince Soubise, & l'autre à l'opéra. La premiere de ces filles fut baptisée sous le nom de la Prairie, pere absent. Il faut remarquer que cette femme ne vivait plus avec son mari, qui l'avait abandonnée à sa mauvaise conduite. Pour la seconde, elle fut baptisée en présence d'Audinot, qui lui donna son nom, se disant l'époux de la Prairie, ce qui lui suscita le procès qu'il vient d'avoir, & où il a succombé. Voici une copie de l'arrêt qui le condamne, & qui, pour soixante mille livres, ne fut affiché que dans la cour du Palais.

Sentence rendue en la Chambre du Conseil du Chatelet.

Extrait des registres du greffe du Châtelet de Paris, du 19 janvier 1776.

Le procureur du roi demandeur & accusateur.
Nicolas-Médard Audinot, maître du spectacle de l'ambigu-comique aux Boulevards du Temple,
Et Françoise Cailloux, veuve de Richard Calame dit la Prairie, architecte à Nancy, défendeurs & acoute[illegible]

“ Nous, par délibération du conseil, oui sur „ ce le procureur du roi, déclarons lesdits Nico- „ las-Médard Audinot, & Françoise Cailloux, „ veuve Calame dit la Prairie, duement atteints „ & convaincus; savoir, ledit Nicolas-Médard „ Audinot d'avoir pris faussement & notoirement „ tant du vivant du sieur Calame, mari de ladite „ Françoise Cailloux, que depuis son décès, la „ qualité d'époux de ladite Françoise Cailloux, „ désignés dans aucuns actes mentionnés au „ procès, tantôt sous ses véritables noms de „ Françoise Cailloux, tantôt sous les noms sup- „ posés de Françoise Dubois, & d'avoir fait passer „ publiquement pour sa femme ladite Françoise „ Cailloux; & ladite Françoise Cailloux d'avoir

„ pareillement déguisé ses véritables noms de „ fille & de femme, tant du vivant que depuis „ le décès dudit Calame son mari, & de s'être „ fait passer publiquement pour femme dudit „ Nicolas-Médard Audinot, ainsi qu'il est men- „ tionné au procès : pour réparation, les con- „ damnons à faire amende honorable en la „ chambre du conseil en présence des juges, & „ là étant à genoux, & ledit Nicolas-Médard „ Audinot nue tête, dire & déclarer chacun à „ haute & intelligible voix, que témérairement „ & comme mal-avisés, ils ont; savoir ledit Ni- „ colas-Médard Audinot pris faussement & notoi- „ rement, tant du vivant du sieur Calame, mari „ de ladite Françoise Cailloux, que depuis son „ décès, la qualité d'époux de ladite Françoise „ Cailloux, & de ce qu'il l'a fait passer publique- „ ment pour sa femme, & ladite Françoise Cail- „ loux, veuve Calame, d'avoir pareillement dé- „ guisé ses véritables noms de fille & de femme, „ tant du vivant que depuis le décès dudit Ca- „ lame son mari, & de s'être fait passer publi- „ quement pour femme dudit Nicolas-Médard „ Audinot, dont ils se repentent & demandent „ pardon à Dieu, au roi & à la justice; les con- „ damnons chacun à trois livres d'amende envers „ le roi, à prendre sur leurs biens : & pour l'e- „ xécution des présentes ordonnons que lesdits

„ Nicolas-Médard Audinot & Françoiſe Cailloux, „ veuve Calame, paſſeront à l'inſtant les guichets „ de la priſon du grand Châtelet, pour y être „ écroués à la requête du procureur du roi, par „ Gilles, huiſſier audiencier de ſervice. Et en ce „ qui concerne la requête dudit Nicolas Médard „ Audinot, afin de réformation des actes y men- „ tionnés, diſons qu'il ſera ſurſis actes fait droit „ ſur ladite requête, & qu'à la requête du pro- „ cureur du roi, les parens & amis de la mineure „ Joſephe-Eulalie ſeront convoqués en l'hôtel „ de M. le lieutenant civil au premier jour, pour „ donner leur avis ſur le contenu en ladite requê- „ te qui leur ſera communiquée, pour ſur le „ proces-verbal qui en ſera dreſſé, être ordonné „ ce qu'il appartiendra: diſons auſſi que la pré- „ ſente ſentence ſera, à la diligence du procu- „ reur du roi, imprimée & affichée dans tous les „ lieux & carrefours accoutumés de la ville & „ fauxbourgs de Paris, & par-tout où beſoin ſera.

“ Jugé le 19 janvier 1776, par Mre Denis- „ François Angran d'Alleray, chevalier, comte „ de Maillis, ſeigneur de Bazoches, Condé, „ Saint-Libiere, & autres lieux, ſeigneur-patron „ de Vaugirard-lès-Paris, conſeiller du roi en „ ſes conſeils, honoraire en ſa cour de parle- „ ment, ancien procureur-général de S. M. en „ ſon grand-conſeil, lieutenant civil de la ville

„ prévôté & vicomté de Paris ; M. Petit de la „ Honville, lieutenant particulier au Châtelet, „ & MM. Groisier de Boulieu, Rousselot, Bou„ rou de Clayes, Audeau, Marion, de Martartis, „ rapporteur, Boucher d'Argis, de Caze & Sa„ seaud, conseillers audit Châtelet.

„ Ensuite de la minute des présentes est écrit „ ce qui suit : & à l'instant nous greffier du „ Châtelet soussignés sommes transportés ès pri„ sons du grand Châtelet, où étant entre les „ deux guichets comme lieu de liberté, y avons „ mandé & fait venir ledit Nicolas-Médard „ Audinot, auquel avons fait lecture de la sen„ tence ci-dessus, après laquelle lecture ledit „ Audinot nous a requis & demandé le délai de „ vingt-quatre heures pour se consulter, & a „ signé avec nous greffier susdit. Ainsi signé Au„ dinot, & Bourgoin, greffier.

„ Au même instant ayant fait venir ladite „ Françoise Cailloux entre lesdits deux guichets, „ nous avons fait lecture de ladite sentence à „ ladite Cailloux, veuve Calame ; après ladite „ lecture, ladite Cailloux a déclaré qu'elle deman„ dait vingt-quatre heures pour prendre un parti, „ & a signé avec nous greffier susdit. Ainsi signé „ sur la minute Cailloux & Bourgoin.

„ Et le samedi 20 janvier, dix heures du „ matin, nous greffier susdit sommes transpor-

„ tés esdites prisons du grand Châtelet, & étant „ entre les deux guichets comme lieu de liberté, „ y avons fait venir ledit Audinot, lequel a dé- „ claré qu'il acquiesçait à la sentence, & a signé „ avec nous greffier soussigné. Ainsi signé Audinot „ & Bourgoin.

„ Au même instant nous avons fait venir entre „ lesdits deux guichets ladite Cailloux, laquelle „ nous a déclaré qu'elle acquiesçait à ladite sen- „ tence, & à signé avec nous greffier. Ainsi signé „ sur la minute Cailloux & Bourgoin.

„ Et ledit jour 20 janvier, onze heures du „ matin, lesdits Nicolas-Médard Audinot & „ Françoise Cailloux, veuve Calame dit la Prai- „ rie, ayant été mandés desdites prisons, & fait „ entrer en la chambre du conseil, étant à gé- „ noux, ledit Audinot nue tête, lesdits Audinot „ & Françoise Cailloux ont fait l'amende hono- „ rable en présence des juges ordonnés par la „ sentence ci-dessus, & se sont retirés; dont & „ de quoi nous greffier du Châtelet soussigné „ avons fait & dressé ce présent procès-verbal, „ pour servir & valoir ce que de raison, & avons „ signé. Ainsi signé Bourgoin sur la minute des „ présentes.

„ *Signé*, MOREAU, greffier. „

Quoique Audinot vécût avec cette femme, cela ne l'empêchait pas d'en fréquenter d'autres, tant son cœur était enclin à la débauche. Au bout de quelques années passées aux Italiens, se voyant utile, il en profita pour exiger de l'augmentation; car il n'était qu'à pension. Ces comédiens tinrent un comité, dans lequel la demande d'Audinot, fut agitée & unanimement rejetée. Voyant cela, il prit le parti de se retirer, & avec quelqu'argent, & ce que le prince de Conti lui avança, de concert avec un nommé Arnould, qui jadis était menuisier, homme fin & rusé dont il avait fait la connaissance à l'Isle-Adam, il monta une troupe de comédiens de bois, sous la protection du prince de Conti [1]. Chacun d'eux représentait un acteur des Italiens. Arnould lui rabota par-ci par-là quelques phrases dont il forma une petite piece qu'on fit apprendre à des hommes qui parlaient pour ces comédiens. Dans ce tems était la foire Saint-Germain. Gaudon, jadis fameux Arlequin, y tenait une salle de marionettes. Audinot obtint d'en faire bâtir une au-dessus de celle de Gaudon, & y fit jouer ses acteurs. Ayant retrouvé un nommé Moreau, musicien aux

[1] On dit que ce seigneur lui était très-attaché, parce qu'il lui avait procuré & lui procurait encore les plus jolies femmes qu'il connaissait.

Italiens, qui avait un fils, petit enfant âgé de quinze ans, de la hauteur de dix-huit pouces au plus, il engagea Moreau à lui donner son fils pour le faire jouer avec polichinel. Le pere y consentit volontiers, & le petit Moreau, qui ayant été à portée de voir souvent le charmant Carlin, en avoit retenu la maniere de jouer & quelques gestes, s'acquitta de ce personnage aux souhaits de tous les spectateurs. Audinot joignit à ce petit bon-homme sa fille, & deux autres filles, nommé Colombe, dont l'ainée maintenant au théatre de la rue Mau-Conseil, se distingue par son libertinage. Ce petit spectacle fit venir le monde en affluence; ce qui mit le directeur en état, à la fin de cette foire, de faire construire une salle sur le Boulevard du Temple, où, rassemblant plusieurs enfans, il donna des pantomimes & des ballets dont le sieur Ferrere était le compositeur. On distribuait des annonces à tous les passans, ce qui attirait nombre de curieux : il ouvrit sa nouvelle salle par une pantomime intitulée *Acis & Galathée*, précédée d'une piece de comédiens de bois, appellée *le Retour de polichinel de l'autre monde.* Il avait si bien trouvé le moyen avec ses acteurs de bois de ridiculiser ceux des Italiens, que son spectacle ne désemplissait pas. Arnould lui fabriqua encore quelques pieces, le nombre des enfans se multiplia, & il parvint à ne plus avoir que des acteurs naturels, mais qui étaient la plupart plus bamboches que ceux de bois. Ceux qui lui attirerent le plus de monde, étaient la petite Henriette, Talon l'ainé, Bordier, & le petit Moreau; Duparc, aujourd'hui fille entretenue, dansait & faisait des accessoires; Fanfan, Cléophile, Tonton, Durard, Chelard, Rousseau, &c. tous ces enfans employés à propos ne laissaient pas que d'amuser. En 1772, il fit rebâtir sa salle, & y joignit un corridor qui donnait de la rue basse dans une loge grillée, où le feu prince de Conti se rendait sans être apperçu. Dès qu'Audinot était averti que le prince venait d'arriver, il prenait la plus jolie de ses actrices, & la menait à monseigneur qu'il laissait tête-à-tête avec elle.

Plusieurs de ces complaisances lui valurent de quoi remonter *sa belle au bois dormant*. Dans ce tems, une petite fille nommée Manon-Quarré, qui venait d'entrer chez Nicolet, parce qu'elle était trop grande pour rester à son théatre, lui amenait de tems en tems Jeannette, joli minois, appartenant à des parens dans la derniere des miseres. Sa mere blanchissait des bas, elle les racommodait, & son pere était commis à une barriere. La petite Manon leur avait fait avoir la pratique d'Audinot, & comme Jeannette était un morceau friand pour lui, il l'engageait toujours à lui rapporter elle-même l'ouvrage qu'il lui donnait à faire ; il la retenait même quelquefois à dîner avec sa conductrice. Mais allons au fait. Devenu amoureux d'elle, il résolut d'en jouir à quelque prix que ce fût. Pour cet effet, il mit en usage argent, prieres, protestations, & réussit. Audinot, enchanté de ce pucelage, fut bientôt troublé dans sa joie. La petite fille avait tout dit à ses parens ; ils vinrent l'accuser d'avoir abusé de l'innocence de leur fille. Craignant que cette affaire eût de mauvaises suites, il les rassura en jurant que son intention était de lui faire un sort heureux ; & joignant les actions aux paroles, il remit à la mere une somme assez forte pour la mettre en état de vivre sans son métier de blanchisseuse, fit recevoir le pere dans la connétablie, & mit la petite fille dans un joli appartement qu'il lui loua au Marais, dans lequel il allait la voir tous les jours. Un soir étant arrivé de meilleure heure qu'à son ordinaire, il fut fort étonné de trouver un galant tête-à-tête avec son innocente Jeannette. Son premier mouvement fut de crier & de s'exhaler en reproches contre sa belle ; mais le nouveau Mars [Monvillé, c'est son nom] quittant un moment le sein de sa Vénus pour s'emparer de sa canne, en frotta rudement le dos d'Audinot qui descendit l'escalier quatre à quatre, auſſi confus & auſſi déſeſpéré que *Candide* lorſqu'il reçut les coups de pieds au cul du baron de *Thunder-ten-Tronch*, pour avoir embraſſé ſa *Cunegonde* derriere un paravent. Remis un peu de cette cruelle cataſtrophe, Audinot alla faire des réprimandes aux parens de *Jeannette* ſur une conduite auſſi affreuſe. Mais eux d'accord avec leur fille, appaiſerent la choſe, & *Audinot* plus amoureux que jamais, la prit chez lui pour éviter de pareilles ſcenes. Alors tout alla à merveille pendant deux ou trois mois; mais le diable qui s'en mêlait ſe préparait encore à déſoler notre bateleur. Un certain Dumoulin, manquereau de profeſſion, ayant par malheur apperçu Jeannette, qui un jour d'été jouait au volant dans la cour d'Audinot, dit à Thourin, ſon concierge, *ah! ah! voilà une petite à qui j'ai fait gagner hier vingt-cinq louis.* Thourin n'eut rien de plus preſſé que d'aller divulguer cette nouvelle à ſon maître, qui en fut indigné, au point qu'il voulut à l'inſtant parler à ce Dumoulin, qui le déſeſpéra davantage en lui affirmant la choſe, ajoutant que ce n'était pas la premiere fois qu'il lui faiſait gagner de l'or. Jeannette ſubit le même ſoir la plus forte remontrance; mais humiliée de ce qu'un magot qu'elle ne pouvait ſouffrir lui parlât de la ſorte, elle voulut le quitter ſur-le-champ, disant qu'un objet si hideux & si brutal n'était pas fait pour captiver une jolie fille comme elle. Quel propos, dit Audinot anéanti, en s'écriant avec Térence : *ô Jupiter ! hanccine vitam ! hoscine mores ! hanc dementiam !* Une petite fille, qui, il y avait à peine un an, était dans la fange d'où il l'avait tirée, parler de la sorte à son bienfaiteur ! Rien ne pouvait le faire revenir de son étonnement ; la derniere réflexion qui lui vint, fut de l'amener dans une maison qu'il venait de louer à Ménil-Montant. Il amena avec lui madame Durand & ses deux filles ; elles essayerent de détourner Jeannette de sa résolution ; mais ce fut avec bien de la peine qu'elles obtinrent qu'elle resterait encore quelques jours à la campagne. Audinot étant monté dans sa chambre pour la prier de faire la paix, reçut un chandelier par la tête qui le fit ressouvenir long-tems des carresses de sa *dulcinée*. Le tout à la fin se calma, & Audinot l'épousa. Au bout de trois ans, voyant qu'il desirait d'avoir un enfant, elle s'en fit faire un par le marquis de Persan. Aujourd'hui c'est le fils de Vernet, peintre, qui partage les faveurs de cette belle, qui ne l'est pas trop.

On s'est souvent égayé sur le compte d'Audinot. Voici une excellente épigramme que le souffleur de son spectacle, nommé Dervilly, fit courir lorſque le feu prit à trente-deux boutiques de la foire S. Ovide, & épargna la loge d'*Audinot.*

Tu dois du ſort admirer l'indulgence,
Qui de te bien ſervir ſemble ſe faire un jeu.
Jadis il enleva ton corps à la potence,
Et par un reſte de clémence,
Il préſerve aujourd'hui ton ſpectacle du feu.

Uue ſociété bourgeoiſe ayant déterminé de jouer ſur le théatre d'Audinot *la Partie de chaſſe de Henri IV*, pour la fête de ſa femme, Audinot, toujours rempli des appas de ſa Jeannette, oublia de faire ſervir un repas pour recevoir Henri chez le fermier Michau, & même de donner du vin. Michel, cuiſinier de notre baladin, à qui l'on s'en plaignit, avoua que ſon maître lui avait dit : *Ne ſont-ils pas trop heureux de jouer devant moi & ſur mon théatre, ſans leur donner encore & mon ſouper & mon vin?* M. Montauciel [1] de la ſociété d'Audinot, outré de ce procedé,

[1] J'avais été mal informé quand j'ai dit dans ma premiere édition qu'ils étaient du frere de *Barré* : ce jeune homme aimable, rempli de talens, & de qualités ſociales, bien digne du nom qu'il porte, & qu'il ſuffit de porter aujourd'hui pour être accueilli & fêté par la bonne compagnie, m'a prié de rectifier cette erreur. Je le fais avec d'autant plus de plaiſir que je ſuis enchanté de trouver l'occaſion de lui prouver combien je lui ſuis attaché.

Où fuira-t-il, & dans quels antres sombres
Croit-il ensevelir tant de honte & d'horreur ?
Rochers affreux, épaississez vos ombres,
Et cachez-nous cet objet de terreur.
O ! vous qu'il outragea, vous dont la vigilance,
L'étude, le travail, ont fait son existence,
Oubliez aujourd'hui ses coupables forfaits,
Que la pitié, qu'il ne connut jamais,
Soit contre lui votre unique vengeance !
Déjà vous recevez le prix de la clémence ;
Un nouveau jour brille pour vous.
Un mortel éclairé, Long-champs, tendre & sensible,
Va faire le bonheur de tous.
Il ne sera point un maître inflexible,
Injuste, rigoureux. Vous trouverez en lui
Votre soutien & votre appui ;
Il n'aura point ce ton févere,
Qui loin d'enhardir le talent,
L'empêche d'éclore souvent.
De ses leçons bannissant la colere,
C'est comme ami qu'il vous corrigera,
C'est comme ami qu'il récompensera.
Bénissez à jamais ce jour deux fois prospere !
Vous perdez un tyran, vous retrouvez un Pere.

Audinot rugissant de colere à la lecture de ces vers, dit avec David : *Vindicta mihi retribuam.* Mais il n'a pas tenu sa parole ; car il vient de donner successivement *le Pauvre voyageur*, *les petites maisons de l'amour*, & *les Audiences à la mode*, trois pieces de Radet, qui sont de bien médiocres productions.

CHAPITRE XXIV.

Ambigu - Comique.

CE spectacle serait assez agréable, si le directeur voulait employer le goût qu'il a sans contredit; mais il laisse le soin de le conduire à cet Arnould, dont j'ai parlé ci-dessus, & qui, loin de le faire fructifier, voudrait en voir la chûte pour s'emparer du privilege. Audînot est un prince qui passe six mois de l'année à la campagne, & ce n'est pas ainsi qu'on acquiert la bienveillance du public; il ne lui offre que des drogues, des ordures, qui le font déserter de chez lui. Avec cela il laisse aller ses meilleurs acteurs. Mayeur lui était très-nécessaire; il s'est tenu, dit-on, avec lui à vingt-cinq louis, & en a pris quatre pour le remplacer. Il ne s'en est fallu de rien qu'il ne renvoyât Bordier, qui fait tous les plaisirs de ce théatre.

Pleinchene, dont j'ai fait mention à l'article des elèves de l'opéra, a été aussi quelques années intéressé dans le spectacle d'Audinot. Il y fit représenter des pieces qui eurent un grand succès, entr'autres *la gaieté parisienne*, à l'occasion de la naissance de Madame premiere. Cette piece attira pendant quatre mois, tout Paris chez Audinot, tandis que Nicolet donnait la détestable *fête des Lys*, de l'infatigable Robineau. Mais le génie à toujours quelques couleuvres à avaler. Pleinchene essuya des critiques ; le Sr. Duménil, le tendre amant de Mlle Fiatte, la vengea de n'avoir point été employée dans cette piece, en composant contre Pleinchene ces couplets. Il est bon de savoir, pour leur intelligence, que Pleinchene disait dans son vaudeville, que ses souhaits seraient comblés, si le public applaudissait à cette bagatelle.

Réponse du public à l'auteur.

Avec sa triste *bagatelle*,
Ce mauvais auteur nous déplait ;
Pouvons nous faire grace au zèle
Quand l'esprit gâte le sujet ?
Au but ici qu'il se propose,
Puisqu'il veut nous faire courir ;
Que son rien change en quelque chose,
Et nous daignerons l'applaudir.

De la petite Josephine [1].

[1] Josephine Masson, actrice d'Audinot, qui joue maintenant aux Italiens ; jeune personne remplie d'intelligence & de talent. On prétend même que l'aréopage femelle des Italiens se liga pour l'empêcher d'être reçue, parce qu'elle à une très jolie voix.

On vante la voix & le ton :
Pour moi, je soutiens qu'on badine,
Quand on applaudit sa chanson.
Si de sa jambe ou de sa taille
On vantait la perfection ;
Sans s'imaginer qu'on la raille,
Elle avalerait le goujon.

Ces couplets ayant couru, un amateur du spectacle d'Audinot, homme d'esprit, mais partisan des Calembours dit : cette piece doit-être pourtant bonne & solide, puisqu'elle est de Pleinchêne. La race des Calembourdistes ne s'éteindra jamais ; elle est semblable à ces herbes empoisonnées, qui naissent au milieu d'un parterre émaillé de fleurs : le jardinier les arrache avec soin ; mais comme le phénix, elles renaissent de leurs cendres.

Masson vient de débuter aux Italiens, ennuyé des mauvais procédés d'Audinot, qui, à ceux qui ont la bonté de lui représenter qu'il faudrait telle chose pour amener le public, a l'insolence de répondre : *s'il n'est pas content, qu'il ne revienne pas.* Quelle impudence !

Quelques personnes me diront peut-être que je suis bien acharné contre Audinot, que je l'avilis; je leur répondrai : mon homme ne craint point le *blâme, il s'est fait un front qui ne rougit jamais;* & il pourrait dire comme Diogene le cynique à ses amis, qui refusaient de jeter son corps au milieu des champs sans l'inhumer, en lui allégant qu'il serait exposé aux oiseaux & aux bêtes: *mettez auprès de moi un bâton pour les chasser.* Eh, comment les chasser, ajoutaient-ils, puisque vous ne les *sentirez* pas? *Si je ne les sens pas*, répartait Diogene, *quel mal donc me feront-ils en me dévorant?*

CHAPITRE XXV.

De quelques acteurs & actrices de ce spectacle.

Fænum habet in cornu, longè fuge: dummodo risum
Excutiat sibi, non hic cuiquam parcet amico.

VOILA ce que beaucoup de gens vont dire de moi après avoir lu cette brochure. Je m'y attends bien, d'autres pourront ajouter que semblable à Carneades, j'ai pris avant de composer ce livre, une potion d'Ellébore; comme cette auteur faisait lorsqu'il voulait écrire contre Zénon. Mais ceux qui me connaissent, leur répondront avec Horace: n'ayez contre lui aucune haine:

Ille, velut fidis arcana sodalibus, olim
Credebat libris. . . . .

& que Boileau a si bien rendu par ce vers:

Il confie au papier les secrets de *son* cœur.

Oui, tout ce que je dis ici n'est point, je vous assure, dicté par la partialité ni la méchanceté. *César vint, vit & vainquit*; moi, *je vins, je vis & j'écrivis.*

Il n'y a rien de remarquable en femmes à ce théatre que Julie, Fiatte, Rousseau, & Lolotte; en hommes que Bordier & Bithemer. Je ne dirai qu'un mot de chacun d'eux.

Julie est une charmante petite coquine, dont il serait difficile de nombrer les amoureux & les entreteneurs: elle ne s'attache pas plus à l'un qu'à l'autre; le *nouveau* seul lui plaît: & à chaque réprimande qu'on lui fait sur cette légéreté qui, à coup sûr, ne tourne point à son profit, voilà son refrain:

Désormais je serai sage,
Encor celui-là.

Laissons-la donc changer d'amant comme de robes nouvelles, & voyons Fiatte. Un croc, Duménil, (chacun le connait pour tel) lui fit un enfant, de son côté contracta des dettes, fut enfermé au Fort-l'Evèque, trouva le moyen de s'évader de cette maison, & est maintenant refugié au Temple, où Fiatte le soutient avec ce que lui donne *Polydamas* [1] Alison, maître-d'hôtel du maréchal de Duras.

Manette Rousseau perdit son pucelage avec un bâtard du feu marquis de Marigni, qui, par sa mauvaise conduite, s'étant fait enfermer; Manette, en son absence, prit un nommé Magneu, officier des gardes Suisses, qui s'endetta pour elle au point qu'il est à son tour en lieu de sureté, afin d'avoir le loisir d'arranger ses affaires. Le petit Marigni vient de reparaître: rien ne l'empêchait de rentrer dans ses droits; il y rentra, mais qu'il les trouva agrandis!

La mere de cette petite a une singuliere manie. Ne voulant point paraître avoir quelqu'un qui entretienne sa fille, ceux qui vont chez elle n'ont l'air d'y entrer qu'en qualité d'adorateurs; & recevant d'eux par-ci par-là quelques cadeaux, sans tirer à conséquence, la petite fille s'évade au jardin, l'amant la suit, la mere ferme les yeux..... Un moment après, madame Rousseau appelle Manette: *Que faites-vous dans le jardin, mademoiselle? -- Maman, je cueillais des cerises. -- A la bonne heure.* L'amant enchanté croit avoir joui de sa beauté à l'insu de sa mere. Quel plaisir pour lui! Ah, le nigaud! Mais combien la mere Rousseau en a fait ainsi, sans avoir l'air de consentir à rien.

[1] Polydamas étoit un Troyen connu pour faible & lâche.

Lolotte Delaire commença par figurer dans les ballets d'Audinot, ensuite entra aux éleves de l'opéra. J'ai dit comme on y payait, & il faut vivre. Deshayes, son maître à danser, l'engagea aux Français; mais à ce théatre l'on ne fait pas autant de connaissances qu'aux boulevards; elle ne s'en apperçut que trop, & revint chez Audinot. Ce dernier paya pour avoir sa rose; il le crut, tant mieux pour lui. Le comte Edimbourg, connu par son procès avec le marquis de la Riviere, paya aussi pour avoir sa jeune rose; mais si Audinot l'eut toute épanouie, jugez comme celui-ci la trouva. Elle attrapa au théatre Français ceux qu'elle put, je ne l'ai pas suivie si loin; mais je sais que depuis qu'elle est retournée aux tréteaux, elle couche avec son coëffeur.

A force d'avancer, nous voici arrivés à MM. Bordier & Bithemer. Le beau but! Comment entamer cet article? Je voudrois pouvoir dire du bien, je ne trouve qu'à dire le contraire. Et comment ferais-je autrement? Jugez-moi, lecteur. Le premier est un libertin, un rouleur de nuit, un riboteur, qui doit à Dieu & au diable. Le second est un *mignon* qui par paresse se laisse entretenir par un nommé le Prieur, gaînier du roi, qui se sert de lui comme Villette se servait du beau Dansay, que Voltaire a chanté. Vous voyez bien, benin lecteur, qu'il vaut mieux tirer un rideau épais ſur ces objets, que de les montrer au grand jour. N'eſt-ce pas un acte de bienfaiſance de ma part?

Quant à leur talent dramatique, je ne puis parler que de Bordier; encore ſe livre-t-il tant à la charge, que je ne déſeſpere pas, qu'appercevant qu'il ne peut être reçu dans aucune province, il finiſſe par jouer ſur les tonneaux des aſſociés.

Et finis coronat opus.

J'apprends que jaloux de rendre nulle ma prophétie, Bordier vient de s'engager aux variétes: [1] je lui ſouhaite bonne chance; mais je crains que mon vœu ne ſoit point exaucé. Volange, malgré ſes défauts perſonnels, & phyſiques, eſt un acteur inimitable dans l'emploi qu'il tient aux variétés. Il a, comme Mr. le comte de Buffon, pris la nature ſur le fait (lecteur excuſez moi la comparaiſon.) Bordier eſt un bien petit bon-

(1) En corrigeant cette épreuve, il me revient que le lieutenant de police, étourdi des plaintes que les directeurs de ces théatres forains lui font journellement de ce que leur ſujets guidés par un intérêt ſordide, les quittent pour entrer chez leurs voiſins, où il peuvent entrainer l'affluence; ce magiſtrat vient de rendre une ordonnance qui force les acteurs à reſter au théatre où ils ſont, ou d'aller en Province. Ainſi tout reſte dans le même ordre, & chacun *eſt à ſa place*.

homme auprès de Jannot! MM. les Histrions, suivez la leçon que je vais vous donner, elle est sage & prudente. Demeurez chacun où vous ètes, lorsque vous y avez quelque succès ; vous perdez trop au déplacement. L'Ananas, ce fruit délicieux & superbe, l'ornement & la gloire de l'Inde, transplanté dans nos climats perd sa beauté & sa saveur.

CHAPITRE XXVI.

Des variétés amusantes.

JE voudrais bien qu'on supprimât cette fausse épithete, & ce titre qui ne convient point du tout à ce théatre, où on ne donne toujours que la même chose. Il irait beaucoup mieux à Nicolet. Voilà donc le premier défaut de ce spectacle. Un autre défaut, c'est qu'il est rédigé par les trois freres Malter : Malter l'ainé danseur en double à l'opéra ; ce nouveau *saumio*, [1] c'est un begue qui ne peut dire deux mots de suite. Le second est un nommé Hamoir ; c'est un cabrioleur de province, qui serait mieux placé en voltigeant sur la corde de Nicolet, qu'il ne l'est dans les

[1] On appelle ainsi un homme qui a le visage detravers.

détestables ballets qu'il a la fureur de décomposer. Le troisieme, aussi appellé Hamoir, est un petit bancroche, ci-devant garçon tailleur, qui veut aujourd'hui faire la musique des pieces que l'on donne aux variétés, & qui, par la complaisance de ses freres, est souvent cause de la chûte de ces pieces. Le *spirituel* associé qu'ont ces messieurs, est un certain Mercier, qui quitta son emploi de mesureur de charbon pour être directeur. Voilà les dignes objets qui gouvernent ce spectacle qu'avait établi l'Ecluse; voilà ceux qui jugent des pieces qu'on représente chaque jour. Songez, lecteur, au goût qui doit régner à ce théatre, & comment on peut y aller. C'est le pendant d'une mauvaise comédie bourgeoise. Mais consolons-nous, ils doivent plus qu'ils n'ont vaillant : ainsi ils seront bientôt contraints à fermer.

CHAPITRE XXVI.

Des principaux farceurs de ces tréteaux.

Mademoiselle le Prieur.

LE philosophe se rend utile à sa patrie en publiant ses réflexions, le militaire expose sa vie pour servir son roi, le poète se fait admirer en chantant les actions mémorables de nos héros, le peintre en les retraçant à la postérité, &c. &c. &c. Mademoiselle le Prieur, frappée de ces exemples, voulut aussi être de quelque utilité à son pays, en procurant à ses habitans les plaisirs de l'amour; ce fut dans une maison élégante & commode que quatre filles complaisantes, & choisies par elle, se chargeaient de cette agréable occupation, dont le bénéfice était pour la le Prieur. Mais s'étant dégoûtée de ce métier, dans lequel elle ne faisait presque plus rien, elle partit pour la province, où, n'étant pas plus heureuse qu'à Paris, elle essaya de jouer la comédie. Comme elle fut huée, ne sachant plus quel parti prendre, elle revint & s'allait offrir à la Montigni, quand elle apprit que l'Ecluse formait une troupe. Elle s'habilla avec le peu de hardes qui lui restaient, & alla se présenter à ce directeur forain, qui, ayant besoin de sujets, la retint, sauf à la renvoyer si elle déplaisait. Mais comme l'Ecluse était un paillard, & que la Prieure se ressouvenait encore de la demeure de quelques concubines de sa connoissance, elle se vit bientôt sa meilleure amie, & resta à son théâtre. Après lui, les Malther remarquant que le public la voyait avec assez de plaisir dans les rôles ridicules, ils la garderent. Pendant ce tems, elle s'amouracha du fat & sot Labussiere, qui venait de débuter aux Italiens, où il avait été sifflé. Elle lui offrit son lit, & la moitié de ses appointemens. Comme il en avait grand besoin, il oublia la laideur de la femme pour ne penser qu'à son argent; mais forcé de se sauver un beau matin en province, pour éviter la poursuite de ses créanciers, la Prieure fut assez folle pour vouloir le suivre, sans s'embarrasser du devoir qu'elle avait à remplir envers le public; ce qui la fit séquestrer huit jours au Fort-l'Evêque. On dit que cette correction l'a rendue plus circonspecte.

Cependant il n'est point d'éternelles amours cette *Nonaria* [1] vient de se brouiller avec son cher la Bussiere, & recommence à tenir des filles

[1] On appellait ainsi, à *Athènes*, les courtisannes qui ouvraient leurs portes à la neuvième heure du jour, c'est-à-dire à trois heures après midi.

dans ſon nouveau logement, rue des marais, faubourg du Temple, elle formera bientôt de nouveaux liens, tant elle eſt diſpoſée à ſuivre le précepte de catulle ;

Cras amet, qui nunquam amavit ;
Quique amavit, cras amet.

Je vous régalerais bien, lecteur, de quelques couplets qu'un amateur des charmes de Mlle le Prieur vient de compoſer pour ſa fête, mais je ne le puis, il faut le moins poſſible faire rougir la pudeur, & je veux que les femmes puiſſent lire cette ſeconde édition. Ce manque de précaution dans la premiere, m'a privé d'avoir de beaux yeux attachés ſur cet écrit ; on verra en reliſant attentivement chaque article de ce livre que j'ai eu ſoin de retrancher tout ce qu'une bouche délicate ne peut prononcer. Mais pour vous récompenſer, voici une epître charmante que je reçois à l'inſtant : elle peut-être entendue des dames. Quand on emploie l'équivoque, l'eſprit des lecteurs la tourne comme il veut, & l'eſprit de l'auteur ſe trouve ſous la gaze dont il s'eſt ſervi.

EPITRE.

O vous qui vivez à la cour,
Comme un ſage vit a la ville ;
Qui goutés ſi bien tour à tour
L'agréable ainſi que l'utile :
Vous, chez qui les beaux arts
Sont ſurs de trouver un azile ;
Qui ſur eux portez des regards,
Dont la bonté rend tout facile ;
Vous dont le cabinet enfin
En curioſités fertile,
Préſente à l'amateur habile,
Des raretés depuis Pantin,
Juſqu'au pays du crocodile ;
Vous qui vous montrez ſans façon,
Dont le ton n'eſt jamais mobile ;
Vous dont j'aime le cœur ſi bon,
Non de ce ſentiment futile,
Dont l'étiquette fait un nom,
Et qui dans l'effet eſt ſtérile ;
Mais de ce feu plein de raiſon,
De cette amitié reſpectable,
Dont aux mortels le ciel fit don,
Et dont l'eſſence eſt délectable,
Des mains du tendre ſentiment
Cher comte, en ce jour, comte aimable,
Daignez recevoir ce préſent.

C'eſt

C'eſt un temple avec girouette,
Dont les portiques ſont peu grands;
Mais, vous ſavez, petite boite
Contient toujours les bons onguents.
D'ailleurs ce temple eſt tout myſtique;
Dans le cabinet de Caylus
Il figurait en bel antique,
Il le gardait comme un agnus.
Mais malgré ce vernis de Chine
Dont eſt couvert l'extérieur,
Ce n'eſt rien encor que la mine:
Pénétrez dans l'intérieur.
Vous y verrez beauté Pékine
Dans le déshabillé galant,
Sous lequel parait d'ordinaire,
Aux deſirs de ſon tendre amant,
L'aimable Reine de Cythere,
Lorſqu'à Paphos, ſeule à l'écart,
Près d'Adonis ſur la verdure,
Elle prodigue à ſon regard
Tout les replis de ſa ceinture;
Vêtement qu'avec vérité,
Les gens qui n'aiment pas la gaze,
Entr'eux appellent nudité,
Et c'eſt le mot ſans périphraſe.
Vis-à-vis d'elle eſt un vivant
En aſſez galante poſture,
Qui fait briller cet inſtrument,
Dont au berceau de la nature,
Sut ſe ſervir meſſire Adam,
Quand il forma l'humaine engeance.

Or, l'homme *in naturalibus*,
Que si bien verrez en avance,
Est, mais soit dit en confidence
Et pour éviter tout rébus,
Un personnage d'importance;
C'est monseigneur Confucius,
C'est-à-dire, sa ressemblance.
Vous savez qu'aux Chinois climats
Il est en grande révérence,
On n'en parle que chapeau bas,
Et c'est leur Dieu par excellence.

Pour se distraire de l'humeur
Et du sérieux de l'étude,
Ce célèbre législateur
Avoit l'ordinaire habitude,
Sur la brune, à pas de voleur,
D'aller près de jeune Gertrude,
Qui dépouillait toute rigueur,
Dans ce temple, avec plénitude,
Prendre, dans toute sa douceur,
La terrestre béatitude.
Ainsi, Numa Pompilius,
Auprès de la nymphe Egérie,
Goûtait sans craindre les Argus,
Tous les plaisirs de cette vie.
Ainsi, maint jeune Magistrat
Va déposer chez Emilie
La gravité de son rabat,
Pour se livrer à la folie.

Du beau monsieur Confucius,
L'histoire que je vous raconte,

N'eſt point du tout, aimable Comte,
Un de ces traits par trop connus;
C'eſt une anecdote ſecrete,
Que je tiens très - directement
D'un manuſcrit, que ſœur Colete,
De mere en fille, en ſon couvent,
Gardait au fond de ſa caſſe tte,
Et qu'on m'a prêté ſous ſerment.
Ce manuſcrit, par mere Thecle,
Morte a la fin tout récemment,
Et qui l'avait depuis un ſiecle,
Lui fut légué par teſtament.
  Si ce préſent peut vous complaire,
Pour moi, Comte, quel agrément!
Je vous ſouhaite joie entiere,
Gaieté, ſanté, tendre Maman;
Mais pour la conſerver fidelle,
Je vous ſouhaite, au par-deſſus,
Le mouvement & tout le zèle
De monſeigneur Confucius.

CHAPITRE XXVIII.

Mademoiselle Verneuille.

Pour vous, je vous réserve, Eglé, d'autres plaisirs.

CELLE-CI, plus jolie que la Prieure, a trouvé un sot qui lui donne beaucoup d'argent qu'elle partage avec la Prieure, pour qu'elle se prête à tous ses desirs. On dit que ces deux tribades ne peuvent plus se quitter. J'ai chez moi des lettres de Verneuille à la Prieure, que j'avais envie de publier, si je n'eusse craint d'ennuyer le lecteur. Les termes dont elle se sert pour peindre son amour à son *amante*, sont curieux. Jamais saint Preux, écrivant à Julie, ne se servit d'expressions plus énergiques & plus brûlantes. Cette fille est d'un tempérament si violent, qu'au défaut de la Prieure, la main de Lebain, son coiffeur, supplée; & il m'a dit qu'en reconnaissance, cette belle lui avait permis de coucher deux fois avec elle. Pendant qu'on imprimait la premiere édition de cette brochure, j'ai appris que cet *Adonis toupet* plus fortuné, était devenu son amant. Elle vient de quitter le théatre des variétés, pour vivre plus librement avec ce nouvel amant.

CHAPITRE XXIX.

Le jeu de Paume.

DEPUIS le regne de Charles VI, où les cartes furent inventées pour distraire ce monarque qui était alors malade, la fureur du jeu se répandit dans toutes les sociétés ; elle entraina les jeunes gens à la débauche, ruina les familles, & produisit tous les maux renfermés dans la boîte de *Pandore.* Un écrivain moderne s'exprime ainsi en parlant des jeux de cartes :

„ Jamais dans mon azile une troupe frivole,
„ Implorant du hasard l'inexorable idole,
„ Ne livra ces combats, où la main des Lutteurs
„ S'arme d'un carton peint de diverses couleurs.
„ Carton fastidieux ! amusement futile !
„ Inventé pour distraire un monarque imbécile,
„ L'avarice t'adopte, & déguise en plaisir
„ L'avilissant trafic d'un ennuyeux loisir.

Le gouvernement ouvrit enfin les yeux sur ce pernicieux abus, il y a quatre ans, & fit fermer par un arrêt du parlement, toutes les académies publiques, où pour nous servir des termes de madame Deshoulieres,

„ On commence par être dupe,
„ Et finit par être fripon.

Les joueurs de profession souffrirent quelques mois de cette cruelle privation ; ceux qui ne hantent ces tripots que dans l'espoir de mettre à profit leur adresse, tournerent leur industrie d'un autre côté. Cette abstinence ne fut pas de longue durée ; les instrumens de cette suppression en souffrirent les premiers, par le manque des rétributions qu'il retiraient de ces assemblées. Sous le prétexte d'aider a rétablir la fortune d'une femme de nom, on lui permit de donner à jouer une fois la semaine ; une actrice en faveur obtient ce même privilége de son amant ministre ou grand-seigneur. Puis on empiéta sur ces droits, on donna à jouer tous les trois jours, ensuite tous les deux, ensuite. . . . Animés par ces succès usurpés à vigilance de la police, Charier Paumier de Mgr. le comte d'Artois, fit bâtir, sous les auspices de ce prince, un magnifique jeu de Paume, vis-à-vis le spectacle de Nicolet, Boulevard du Temple, dans lequel il s'est arrogé le droit de tenir Académie de différens jeux de Cartes, Billard &c. On s'y ruine aussi facilement que chez l'ambassadeur de Venise ; il y a toujours grande compagnie ; la porte s'ouvre à midi, & ne se ferme qu'à trois ou quatre heures du matin. Le public a quelquefois l'agrément de voir Mgr. le comte d'Artois venir faire sa partie de Paume chez Charier ; ce prince est fort adroit à ce jeu. Je pourrais vous donner un plus ample détail de cette maison, car je ne la connais que trop malheureusement; mais il est des objets qu'un écrivain risque de présenter au grand jour : d'ailleurs si j'ai des regrets d'avoir joué dans cette Académie, ce n'est pas votre faute; mais j'espere bien que le produit de cette seconde édition me donnera les moyens de rattraper mon argent. Vous seriez vraiment bien ingrat, si vous ne vous empressiez point à me procurer au plus vite un millier d'écus; car en vérité il faut l'avouer, je n'ai visité cette maison que par l'amour de vous en rendre compte : voyez combien je vous aime! Rendez moi donc; *love for love.*

CHAPITRE XXX.

Curtius.

CET allemand industrieux est parvenu a modeler en cire des têtes, qui coloriées, font douter si elles sont vivantes. Il en est, lui seul, le modeleur & le peintre. On voit ces têtes dans son cabinet, Boulevard du Temple, & aux foires St. Laurent & St. Germain; elles attirent un grand concours de curieux de tous états, par la facilité de se procureur ce plaisir pour deux sous.

Curtius entreprend aussi de faire des portraits en cire, & les fait très ressemblans. Chaque occasion remarquable lui fournit les moyens d'enrichir son cabinet. On courut y voir le simulacre de M. Destaing, celui de Voltaire, la *famille royale* &c. Mais le débit des petits *grouppes* gaillards & libertins qu'il vend aux curieux pour orner leurs boudoirs, est ce qui lui rapporte le plus.

L'industrie, en tous tems, captiva la fortune.

CHAPITRE XXXI.

Spectacles subalternes.

AVANT d'arriver aux spectacles des sieurs Nicolet & Audinot, on trouve sur son chemin des *messieurs* qui viennent très-obligeamment vous inviter à vous récréer la vue par une *foule d'animaux*; d'autres *messieurs* vous présentent une belle *Géante*; d'autres un *concert de verres*; d'autres vous annoncent la *véritable* heure où va commencer une *comédie de marionnettes*; & tous ces *messieurs* si polis s'appellent, en terme de l'art, des *aboyeurs*.

Si vous entrez dans le premier de ces taudions, vous êtes obligés de faire usage d'un flacon de senteur, pour ne point être empestés par l'odeur infecte qui s'exhale de ce *cloaque* ; vous croyez au moins être récompensés de ce désagrément par la vue de quelques animaux rares. Point du tout : vous ne voyez que trois ou quatre vilains singes bien sales ; & des chiens, qu'on a tondus & peint de façon à en imposer aux gens peu instruits, qui s'extasient en croyant voir ce qu'ils ne voient pas.

Portez-vous vos pas chez la *Géante*? vous n'êtes pas peu surpris de ne rencontrer qu'une femme d'une taille, grande à la vérité, mais ordinaire ; & toute la magie qu'elle emploie pour paraitre un colosse, se réduit à des talons de cinq pouces de haut, & à une coëffure qu'on appellait jadis *monte-au-ciel*. Lorsque l'assemblée n'est composée que d'hommes, cette femme complaisante fait voir aux curieux quelque chose de vraiment *géant* dans sa nature. Il est vrai que cette curiosité oblige encore à recourir au flacon. Mais on peut se vanter d'avoir vu un objet véritablement effrayant & extraordinaire.

Concert de verres.

De tous tems les arts d'agrément ont gémi sous les fouets de la censure, & principalement la peinture & la musique. Cette derniere science a créé bien des partis & fait naitre bien des débats. Sous Louis XIV, tout Paris retentit des différentes opinions des *Ramistes* & des *Lullistes*. En 1780, les *Gluckistes* & les *Piccinistes* remplacerent ces derniers & s'arrogerent les droits de prononcer despotiquement sur leur goût, qu'ils croyaient le meilleur chacun en particulier. Depuis le dernier opéra de *Piccini*, qui est tombé, ses partisans se sont un peu refroidis en sa faveur; & maintenant il n'est plus guere question en musique que du concert spirituel, dont madame Mara fait les délices. Il faut convenir que de longtems on n'a entendu une cantatrice aussi supérieure. La surprise & l'admiration sont les sentimens qu'elle produit. M. le Gros, de l'académie royale de musique & directeur du concert spirituel fait les plus brillantes recettes. Mais l'insatiable avidité de l'or, & l'envie d'en gagner seul, lui a, dit-on, fait faire des démarches auprès du ministre pour le prier d'interdire le *concert des verres*. M. Amelot rit beaucoup de cette extravagance, & notre pauvre *concert de verres* nous est resté.

Il y a réellement du mérite à cette invention, & malgré tous les éloges qu'on prodigue périodiquement dans *le journal de Paris* & dans les *petites affiches* au sieur le Gros, il y a infiniment moins de savoir à mes yeux pour rassembler chaque année l'élite des musiciens, que de jouer différens airs avec une douzaine de gobelets rangés ſur une table. Vous avez quelquefois, lecteur, eſſayé de tirer des ſons d'un *verre*, en paſſant légerement un doigt mouillé ſur le bord; voici la ſeule maniere que l'auteur du concert du Boulevard emploie; il a ſi bien calculé & combiné les ſons que chaque *verre* peut rendre, que promenant adroitement ſes deux mains d'un verre à un autre, il joue à la fois une ariette, & en fait l'accompagnement. Cela eſt étonnant, & ſuppoſe être ſorti d'une imagination active, & d'un eſprit érudit. Cet homme n'eſt rien moins que tout cela; il ne faut pas que cette ſingularité ſurprenne: la nature eſt ſi bizarre dans ſes faveurs! Rennequin, qui compoſa *la machine de Marli*, ne ſavait pas lire.

Je vous menerais bien, Benoît lecteur, *aux marionettes*; mais je craindrais que le tems que j'employerais à vous faire ces détails, ne vous ravit des momens que vous pourriez beaucoup mieux employer.

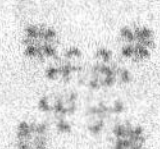

CHAPITRE XXXII.

Dorvigni.

On le dit bâtard de Louis XV, & cela n'eſt pas ſi étonnant, quand on ſe rappelle combien ce monarque aimait le plaiſir. Bâtard du roi ou d'un crocheteur, Dorvigni a joué la comédie en province, où il fut trouvé paſſablement mauvais. De-là étant venu à Paris, il donna quelques pieces de ſa compoſition pour les voyages de la cour, aux Italiens, aux théatres d'Audinot & de Nicolet, puis il s'eſt mis acteur aux Variétés, où il a fait repréſenter *les Battus paient l'amende*. Ce fut ſa premiere piece à ce ſpectacle, & ſa meilleure, puiſqu'elle a fait gagner deux cents mille livres aux entrepreneurs. Mais cette parade qui lui fit tant d'honneur, n'eſt autre choſe que quelques ſcenes volées à Muſſon, peintre & bouffon de ſociété. Son proverbe d'*On fait ce que l'on peut*, eſt auſſi compoſé de ſcenes que Patrat, Muſſon & Duché jouent aux ſoupers où ils ſont invités; & la plupart de ſes pieces doivent leur exiſtence à de vieux bouquins qu'on ne lit plus, & qu'en récompenſe il lit beaucoup. Sa ſcene des *Perruques* eſt priſe mot à mot dans *les Réjouiſſances de la Paix*, ancienne piece imprimée,

& dont l'auteur eſt mort. Sa piece qu'il a donnée aux Italiens ayant pour titre la *Comédie à l'impromptu*, ſe trouve toute entiere dans *le Pédant joué*, farce de *Cirano de Bergerac*, &c. &c. &c. &c. &c. Il eſt bien facile de ſe faire ainſi la réputation d'auteur; mais il eſt difficile que les gens éclairés ne s'apperçoivent pas que vous n'êtes qu'un ſot.

CHAPITRE XXXIII.

Volange.

La fauſſeté ne craint que de paraître au jour.

On a trop parlé ſur ce mauvais ſujet pour que je m'en entretienne. Je dirai ſeulement que ce préſomptueux hiſtrion a agi comme un imbécille en débutant au théatre Italien, & que ſans cette balourdiſe il n'aurait pas eu la honte de réaliſer l'anecdote d'Amoche, ancien acteur de l'Opéra-comique, dont a parlé le Mercure du tems de ſes débuts dans les *Trois Jumeaux*, qui ont fait dire au maréchal de Richelieu, à qui on demandait ſon ſentiment ſur ſon jeu: *Ma foi, je ne l'ai vu que changer de perruque.* Vofange, à ce que l'on assure, a été fouetté & marqué. Plusieurs personnes le prouvent. Ce polisson, qui se disait libre & garçon, vient, il y a quelques jours, d'être forcé de reconnaître sa femme & deux enfans qu'il laissait mourir de faim en province, depuis son départ *incognito* pour Paris. Ce vagabond qui, si la police le punissait comme il le mérite, devrait finir ses jours dans un cachot, a eu la coquinerie, au sortir des Italiens, de faire un engagement avec Nicolet pour lui escroquer vingt-cinq louis, tandis qu'il en avait déjà contracté un avec les Malter.

Le public, revenu sur son compte, ne le voit déjà plus que comme un acteur très-ordinaire, & bientôt il ne sera plus à ses yeux qu'un gredin digne de son mépris & de sa haine.

CHAPITRE XXXIV.

Conclusion.

VOILA qui est assez parlé de ces *Laïs* & de ces *Baladins* pour une fois. Si le public s'amuse de ces anecdotes, je pourrai lui en fournir encore un volume l'année prochaine, & qui ne sera pas moins piquant que celui que je lui offre aujourd'hui. On trouve toujours tant à dire, quand

Des sottises d'autrui l'on compose son fiel.

Comme je finis cet ouvrage, il vient de me tomber entre les mains une brochure sur les spectacles des Boulevards, par un sieur Rousseau, qui n'a pas l'éloquence des hommes célébres dont il porte le nom. Ce M. Rousseau soutient avec gaucherie la cause des mœurs : sa dialectique n'est pas claire ; il éclate, il tonne contre les spectacles forains, & dans le cours de sa brochure il affecte de ne les pas connaître. Il n'en parle, selon lui, que sur des ouï-dire ; il confond même leur nom, leur genre ; il croit que les mots de vertu, de courage y sont déplacés ; il se trompe en cela : si j'ai censuré les acteurs, je rendrai justice à certaines pieces. M. Rousseau ignore donc le succès qu'a eu *la Prise de la Grenade* aux Eleves, *l'Anti-pigmalion?* &c. Il ajoute que ces trétaux n'ont jamais formé de sujets pour les grands spectacles. Il ignore que Grammont a fait son apprentissage chez Nicolet ; la Ruette, Clairval, madame Trial, & d'autres, tels que Bouret, ont commencé à jouer sur ces théatres forains qu'il anathématise. Les pieces qu'ils représentaient alors valaient moins pour les mœurs que celles d'aujourd'hui ; ce qui le prouve, c'est que le censeur a refusé de laisser passer *la Rose* de Piron, mise en prose pour l'usage des Boulevards, quoiqu'il s'y trouve moins de polissonneries qu'autrefois. Quelle instruction le peuple retirait-il de ces pieces dont tous les cadres étaient les mêmes, qui ne se soutenaient que par des équivoques aussi plates que dégoûtantes? Eh bien, plusieurs de ces pieces se jouent encore sur un grand théatre. *Le Coq du village*, *les Nymphes de Diane*, *la Servante justifiée*, forment une partie du répertoire des Italiens, tandis qu'aux Boulevards le public souvent y est intéressé, touché, attendri, en voyant le courage héroïque de Jeanne d'Arc, la vertu de Marie Millet, l'héroïsme & la bienfaisance de Henri IV, & l'innocence victorieuse de Sophie de Brabant. On s'étonnera peut-être de ce nouveau ton; mais j'ai ma réponse toute prête.

Je loue avec plaisir, & blâme avec courage.

Voltaire a souvent chanté la Palinodie: & moi je veux aussi ressembler au Machaon du vieil Homere, qui tout à la fois médecin & guerrier, tuait dans une armée, & guérissait dans l'autre.

POST-SCRIPTUM

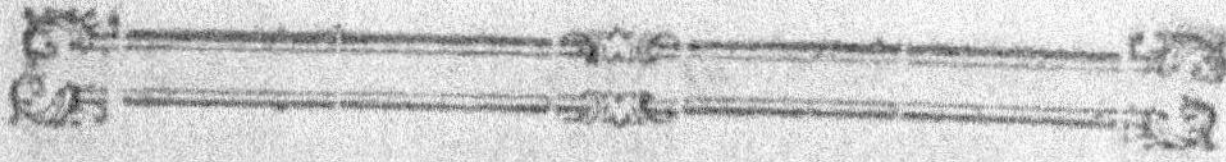

POST-SCRIPTUM,

POST-FACE, ÉPILOGUE, APOSTILLE, ADDITION, & tout ce que les Lecteurs bénévoles & malévoles jugeront à propos.

BRAVO! Bravo! Messieurs les Cabotins! La renommée aux cent bouches, aux ailes immortelles, cette déesse qui s'identifie si bien avec vos talens & vos mœurs, m'a rapporté (1) que vous aviez fait feu *des quatre pieds* à la lecture du *Désœuvré*. Bravo, Bravissimo! Bravissimo! Bava! Graces à vos clameurs, me voilà déjà à la seconde édition. Courage, mes chers Bateleurs, courage, ne vous rebutez pas; courez, valetez, furetez, criez à perdre haleine! & bientôt la troisieme édition sera sous presse. Vos cris sont pour la suppression de mon livre, ce qu'est l'huile pour éteindre le feu. Car vous entendez bien: *quod scripsi, scripsi*: puis, je vous ai déjà fait l'honneur de vous dire, & je vous

[1] L'auteur voyageait alors. (note des rédacteurs.)

répete pour la deuxieme fois, que me deviner & prendre la lune avec les dents font tout un. Il m'eft revenu auffi, dans le fond des montagnes glaciales & fourcilleufes du Nord, que vous aviez inculpé dans vos doutes fur l'auteur de cette brochure, cinq ou fix de ceux qui vous entourent, & principalement Parifeau. C'eft bien mal deviner! Permettez-moi de rire un moment de votre embarras & de l'étendue de votre vue *taupo-nienne.* Quoi! vous ne voyez pas plus loin que cela! J'ai pitié de vous, & je veux bien encore par charité pour votre ignorance, & pour annihiler vos foupçons mal conçus, vous apprendre que, plus vous cherchez autour de vous, plus vous vous éloignez de moi. Soupçonner ce pauvre Parifeau! lui, qui n'a jamais, de mémoire d'homme, fait de mal ni écrit contre qui que ce foit. Il a quitté le commerce d'agiotage, qui lui valait plus de deux mille écus de rente, pour fe mettre directeur des Eleves, par la fureur qu'il avait contractée de jouer la comédie depuis plufieurs années au théatre de Popincourt. La chance à mal tourné; eft-ce fa faute? Il a depuis exercé fon efprit à faire des comédies; eft-ce un crime? Et ne doit-on pas au contraire louer un homme qui se sauve ainsi des griffes du malheur? Ah! messieurs, votre doute à son égard crie vengeance. C'est moi, Messieurs, qu'il faut accuser, moi qui serai toujours, (je l'espere) une énigme pour vous. Les Grecs n'écrivirent l'histoire que quatre cents ans après *Homere*: consolez-vous; je n'attendrai pas ce tems pour joindre à la vôtre l'histoire des Coulisses & des Boudoirs des trois grands Spectacles.) La langue Grecque reçut de l'auteur de l'*Iliade*, de ce grand peintre de la nature, la supériorité qu'elle prit chez tous les peuples de l'Asie & de l'Europe. C'est Térence qui, chez les Romains, parla le premier avec une pureté élégante. C'est Pétrarque qui, après le Dante, donna à la langue Italienne cette aménité & cette grace qu'elle à toujours conservées. C'est à Lopes de Véga que l'Espagnole doit sa noblesse & sa pompe. C'est Shakespéar, qui, tout barbare qu'il était, mit dans l'Anglais cette force & cette énergie qu'on n'a jamais pu augmenter depuis sans l'outrer & par conséquent sans l'affaiblir. C'est à moi qu'on devra le *Cadastre* des Boulevards, ce recueil précieux des mœurs *pures & délicates*. Ah! mes féaux amis ! si les fêtes de *Palès* subsistaient encore, que vous feriez bien d'imiter l'exemple de ces bergers, qui, le II des Calandes de mai, passaient au travers des feux de paille pour se purifier. Voilà le bon moment, il faut mieux tard que jamais. Non, j'ai tort d'entreprendre ici de vous ouvrir les yeux sur votre inconduite, & de chercher à vous rendre meilleurs; c'est vouloir arrêter un torrent dans son cours. Les raisonnemens de J. J. Rousseau étaient plus moraux que les miens, & ce philosophe n'a jamais pu parvenir à rendre l'homme sensible à la vertu, but où tendait toute son ambition. Je laisserai donc là cette inutile entreprise. *Qui a bu boira*, dit un vieux proverbe. Je me rends; restez donc tels que vous êtes, mes *aimables* Histrions; je m'apperçois d'ailleurs que je deviens sérieux; ce n'est point du tout ce que je veux être, ainsi je ne pousserai pas plus loin l'extension de cet examen. Entrons dans les détails nouveaux que je me propose d'offrir au Public. C'est trop long-tems perdre les momens précieux que je dois employer à amuser mes Lecteurs.

Approchez, amateurs du Boulevard, venez former mon auditoire : il doit être nombreux ! . . . . . Je touſſe, je me mouche, je crache & je commence.

Grands Dieux ! quel bouleverſement dans l'empire Hiſtrion ! Homère prête moi la bouche de Stentor ; j'en ai beſoin pour chanter & faire entendre aux deux bouts de l'univers les hauts faits de nos immortels Boulevariſtes.

Dans trois ſemaines la clôture des théatres forains ſe fait ; on publie que ces tréteaux vont prendre une face nouvelle, qu'ils vont être régis par un directeur général, nommé à cet effet par un arrêt du Conſeil. Cela ſerait ſagement vû. Nicolet, Audinot, Fierville ne s'enrichiraient plus en ſe moquant du public ; leurs acteurs ſeraient mieux choiſis ; le bon ordre régnerait dans chacun de ces théatres, & on les verrait peu-à-peu ſortir de la fange où ils ſont plongés depuis leur établiſſement. Ils deviendraient des écoles dramatiques dans tous les genres : les grands théatres pourraient alors, ſans ſe méſallier, prendre de leurs ſujets quand ils ſe verraient au dépourvu, & cet établiſſement ſerait digne du gouvernement ſous lequel nous vivons.

Nicolet qui ne peut s'imaginer qu'on lui

faſſe une pareille injure, & viſant toujours à ſon intérêt, va, dit-on, ſupprimer ſa danſe & les trois quarts de ſon orcheſtre, pour n'être plus obligé à donner à l'Opéra 1400. livres par mois pour jouir de ces deux objets. Cette ſomme eſt exorbitante. Il ſemblerait que cet impôt, mis ſur chaque ſalle foraine, tendît à ſon anéantiſſement, par l'impoſſibilité de ſatisfaire à cette vexation. En effet, comment veut-on qu'un directeur, après avoir fait une faible recette, dont il eſt forcé d'abandonner le quart pour les pauvres, donne encore deux louis à l'Opéra. Cela exiſte pourtant depuis un an. D'une autre part, cela fait voir clairement combien ces directeurs gagnent d'argent. Mais qu'eſt-ce qui occaſionne tout cela ? Ce ſont les grands ſpectacles qui jalouſent ces derniers, parce qu'ils paraiſſent attirer plus de monde qu'eux. Eh! meſſieurs, faites comme ces Bateleurs, donnez plus ſouvent du nouveau, vous aurez les faveurs du Public. Vous êtes des ſeigneurs, vous ſtipulez ſur quatre cents mille livres d'abonnement, que vous recueillez annuellement, vos premiers acteurs ſe font journellement doubler, & par qui ? Dieu ſait. Vous accueillez des Courville, des

Garnier, des Olivier &c. &c. &c. Vous prenez pour doubler Molé des Fleuri; pour doubler celui-ci des Florence; pour doubler la Rive des Grammont &c. &c. Qu'eſt dévenu ce beau théatre de la nation? Que voulez-vous qu'il devienne déſormais? Sa décadence eſt au trois quarts au moins; & je doute que jamais elle ſe releve. Oú êtes-vous, beau ſiécle des Dufrènes, des Clairons, des Barons, des Duménils, des le-Kains!

Nicolet va donc réformer ſes muſiciens & ſes danſeurs; le public fera-t-il une grande perte? Je ne le penſe pas. Il en fera, je crois, comme de ſa femme, qui, depuis quelques mois commence à reparaître ſur la ſcene, & qu'on voit avec la même indifférence qu'on l'avait vue s'en retirer. Elle était rentrée par une piece nouvelle, analogue à la naiſſance du Dauphin. Cette piece eſt du chevalier de Berinville. C'eſt un nigaud qui va frapper aux portes de tous les directeurs pour faire agréer ſes rapſodies. On peut juger du mérite de ſes *ſublimes productions*, par cette derniere, intitulée: le *Bailli généreux*. Il venait quelque mois avant de donner au théatre d'Audinot: *Qui caſſe les verres, les paie* ; proverbe qui fut sifflé comme il méritait de l'être.

On dit que c'est un danseur de l'Opéra nommé le Doux, qui compose les ballets de Nicolet ; moi je crois plutôt que ce sont d'anciennes contre-danses des Porcherons, que les danseurs exécutent par tradition, depuis la création de ce théatre. Ce sont toujours les mêmes pas, les mêmes figures, & les mêmes airs : si je n'ai pas deviné juste, il faut croire que le sieur le Doux est un homme de *beaucoup de mérite*. C'est maintenant sur le théatre d'Audinot où il vient d'entrer, qu'il va déployer tous les ressorts de son *génie*.

Les sieurs Placide & petit Diable de retour de Londres, viennent de réparaître de nouveau sur l'horison. Nicolet s'est empressé d'annoncer dans ses risibles affiches qu'ils exécuteraient un pas de *deux* sur la même corde (1). On y a couru, & l'on a vu deux hommes marchant très-difficilement, tombant l'un après l'autre, & riant de leur mal-adresse ; & des spectateurs assez imbécilles pour

[1] On lit dans *Théophraste* que les Grecs s'amusaient de cette sorte de danse, qu'ils appellaient *Cordax*. Elle s'exécutait sur des théatres qui équivalaient à ceux de nos foires. Ceux qui hantaient ces lieux, prenaient plaisir aux diverses postures indécentes & obscenes, que cette danse leur présentait.

les venir voir. On ne les rencontre plus ſur les Boulevards & dans la ville que vêtus à l'anglaiſe & montés ſur des chevaux de ce pays; ils ſont auſſi ridicules dans cet accoutrement que dans le premier, dont j'ai parlé dans l'article qui les concerne. Pour leur conduite, elle eſt toujours la même.

Placide, dit-on, gardant rancune contre quelques-uns de ſes camarades avec leſquels il avait eu une diſpute très-vive, exhala ſon reſſentiment dans les couplets que je vais rapporter. Je n'aurai pas beſoin de faire de ſerment pour perſuader que ces couplets ſont de ce ſaltimbanque; le ſtyle & l'ortographe que j'ai conſervés, donneraient un fier démenti à celui qui voudrait me conteſter ce fait.

Comme je me ſuis fait une loi de nommer la ſource où je puiſe mes matériaux, j'avouerai que ce Vaudeville m'a été remis par un chanteur du caffé d'Ion.

AIR. *Maman j'aime Robin.*

1.

2.

La France la mutine
A tant magné d'épines (1),
Qu'elle en a mal aux mains,
Maman j'aime Robin (*Bis*).

3.

Rosalie fait pour plaire
Tout ce que l'on peu faire ;
Mais elle ne gagne rien,
Maman &c.

4.

Fournier, qu'oi qu'an nuyeuse,
Au lit & fort jouyeuse,
Nicolet le fet bien,
Maman &c.

5.

[1] J'ai cru pouvoir laisser subsister ce couplet, vu la faute d'ortographe qui s'y trouve; mais je suis forcé de priver le public d'une dixaine de ces couplets, par la promesse que j'ai faite de ne rien présenter qui puisse blesser les oreilles chastes, entr'autres un sur *la Forest*, un sur *Langlois*, un sur *Sorette*, un sur les *Figurantes*, un sur le *beau Dupuis* &c. &c. &c.

6.

Langlois un peut pour fame,
Pour appaiser sa flame
A pris un petit d'ogain,
Maman &c.

7.

8.

Un comédien for bette,
Des pied jusqu'a la tête,
C'est le grand constantin,
Maman &c.

9.

Ribié, coute qu'il coute,
Fait banqueroute sur banqueroute,
Il prand & van pour rien....
Maman &c.

10.

Talon, de sur mon ame
Sod'homise les fammes,
Bourgois le set fort bien,
Maman &c.

11.

Ces *Mayeur*, l'homelette,
Donne des pieces toute faite,
Qu'il prand dans d'autre main,
Maman &c.

12.

Le *Lievre* dans les Visite,
A fort peut de mérites,
Il ne jou rien de bien,
Maman &c.

13.

Paul, dans les pantomime;
Celui qui les abime;
Il jou comme un pantin,
Maman &c.

14.

Placide devrait bien mettre
Du ju de baromaitre
Sur lui tout les matin,
Maman &c.

15.

16.

C'est *Meunié* le pailliase,
Qui fait bien des grimase,

Pour amaſer du bien,
Maman &c.

17.

Ce ſont tout les ſauteurs
Qui nous ſont male au cœur,
Il ne ſont bon a rien,
Mâman &c.

18.

Les danſeurs des balets
A grand Dieu, qu'ils ſont lets!
Ils font ſauver les chien,
Maman &c.

19.

Ce ſont les petite novice,
Qui connaiſſe le vice;
Leur mere le ſave bien,
Maman &c.

20.

Dutac, le brave homme,
Quand il boit le rogome,
Il ne mé dis derien,
Maman &c.

21.

Meſſieur de la muſique,
Ne ce mettent en pique .....
Qu'avec des broc de vin,
Maman &c.

22.

Nous avons à la tête
Un directeur bien bête
Il ce connoit en rien,
Maman j'aime Robin. (Bis)

Vous voyez, mes chers Lecteurs, combien les ſujets même de Nicolet lui rendent juſtice. Ce directeur avait fait l'acquiſition d'un nouvel acteur qu'on appellait le Grand. C'eſt un drôle aſſez bien bâti; mais l'affectation qu'il met dans ſon débit, & ſon naſillement continu, le rendent inſupportable dans les meilleurs rôles. On prétend qu'il arrivait alors de province: il devait y être bien mauvais, puiſqu'il le paraiſſait ſur les tréteaux des Boulevards. Tout le Public, forcé de l'entendre, auroit fait volontiers comme firent les Miléſiens envers Démoſthènes; il l'auroit payé pour ſe taire.

Comme tous ces Hiſtrions ſe donnent la main pour être de mauvais ſujets, celui-ci, de ce côté, ne le cede en rien à ses confreres. Il est joueur, libertin, buveur, & a fait, dit-on, tous les métiers qui conduisent à la potence. Ce qu'il a fait de mieux, c'est de ne point associer, comme tant d'autres de son état, son malheureux sort à une moitié qui serait obligée de supporter les suites d'un pareil hymenée. Il est garçon..... mais pour *honnête* garçon, & garçon *honnête*, *néant*. Il a cru sage de ne pas finir l'année chez Nicolet, où il commençait à être poursuivi vigoureusement pour quelques fripponneries qu'il avait faites depuis son séjour dans la capitale.

Laissons-le donc aller, & parlons de ses camarades; parlons du beau Constantin, que Nicolet vient de reprendre après une absence de trois ans : ou plutôt, n'en parlons pas; il y aurait trop de mal à en dire. Cet acteur est le vrai ballot de Nicolet, il a tout le jeu qui convient à son théatre. Cependant le jeu de cet homme, & celui de Taconnet, ont en partie fait, à eux deux la fortune de ce directeur forain.

Il vient de se passer chez la premiere danseuse de ce spectacle, nommée Langlois, dont j'ai parlé à l'article qui la concerne, une scene qui mérite de tenir place ici. Il n'en faudrait pas davantage à cette petite fille, si elle était à l'Opéra, pour lui valoir, en peu de tems, une brillante fortune, par la fureur des amateurs à connaître une créature, auteur d'une catastrophe si tragique ; voici ce dont il s'agit. Un étranger arrivé à Paris pour des affaires de famille, s'y trouve retenu par le charme décevant que causent sur lui les beaux yeux de Langlois. Le cœur de celui-ci lui disait qu'il fallait aimer cette aimable danseuse. Il en fit l'aveu à la mere ; mere de théatre n'est pas, d'ordinaire, rebelle aux propositions intéressées. Aussi notre étranger vécut-il dans un accord parfait avec ses nouvelles amours. Mais une comédie à toujours son dénouement ; un roman à toujours sa catastrophe ; & puis, qui peut se flatter de jouir d'un bonheur sans mélange ? Un soir, soir fatal à Langlois ! un soir dis-je, il advint que cet étranger pressé vivement par ses parens de retourner dans sa famille, & épris plûs que jamais, & au-delà de ce qu'on peut dire, des appas de sa Terpsichore, il advint que cet amant prend la résolution de ne point quitter celle qu'il aime, & pour lui rester fidele, il se brûle

bravement

bravement la cervelle après souper. . . . . . Vous frémissez, Lecteur ! Hé bien, cette belle fut quatre jours comme inconsolable, & le cinquieme elle agaça son cher Léger, qu'elle avait bien voulu oublier un moment pour l'or que lui offrit son jeune étranger.

Sunt quoque gaudia luctus.

Allons, Messieurs, cassez-vous donc la tête pour ces dames ! N'y sont-elles pas bien sensibles ? Encore rapporte-t-on que celle-ci pour se débarrasser d'un poids qui commençait à la gêner pour danser, imita les femmes *Formosanes*, à qui un précepte de religion défend d'être meres avant l'âge de trente-cinq ans. Lorsqu'elles tombent dans ce cas, elles appellent leurs prêtresses & se couchant devant elles, elles se font fouler le ventre d'un certaine maniere qui procure l'avortement. Tirons un rideau épais sur cet objet, & passons à d'autres ; *diversité c'est ma devise.*

Le gouvernement vient enfin d'ouvrir les yeux sur le spectacle des *Variétés*. Voyant que jusqu'à ce jour il l'avait laissé régir par des intrus comme les Malter, monsieur Amelot vient de les faire retirer, & de mettre à leur place le sieur Fierville, directeur de province, homme d'esprit, & rempli des connaissances utiles pour bien mener un théatre. Les deux Malter ignominieusement chassés, avec l'accusation d'avoir eu la fripponnerie de faire entrer leurs dettes personnelles dans les dettes du spectacle, n'ont pas même l'agrément de leurs entrées. Un bon ministre cherche toujours à faire des actions justes & sages. Pour le troisieme Malter, surnommé Hamoir, & premier danseur de ce théatre, on lui a donné des appointemens pour finir son année.

Volange outré de contribuer chaque jour à une recette de seize a dix-sept cents livres, & de n'avoir que dix mille livres d'appointemens, a formé le projet d'englober par ses promesses insidieuses quatre ou cinq de ses camarades, pour aller jouer en province les pieces des *Variétés amusantes.* Tout était déjà conclu, engagemens faits entr'eux, sermens de ne point se séparer. La charrette était prête, les paquets emballés, les femmes coiffées de nuit, les hommes en pantalons de voyage &c. &c. &c; mais halte-là, Messieurs! le magistrat n'entend point que vous vous liguiez ainsi pour faire tomber un théatre dont vous êtes la base, par la trop grande indulgence que le public vous a témoignée trop légérement. Appuyés sur cette indulgence locale, vous croyez que les mêmes faveurs vous attendent par tout; vous faites les rodomons! Un instant; le nuage qui obscurcit vos yeux sera bientôt dissipé, si on n'a point la commisération de l'écarter d'avance, & de vous montrer le précipice où vous allez tous imprudemment tomber. Examinez-vous scrupuleusement chacun en particulier. Qui êtes-vous? Que valez-vous, à commencer par ce Volange déjà beaucoup trop célébre à Paris, entouré d'auteurs faméliques, qui, pour un morceau de pain lui font des rôles de caricatures qu'il rend assez bien, par la nature qui le sert du côté de son ignoble physique? C'est fort bon; mais en province, isolé, loin de ces mendians dramatiques, forcé de jouer des rôles de bonnes comédies, ayant blasé le public des farces qui font aujourd'hui son triomphe; que paraîtra-t-il aux yeux de ce même public? Un acteur sans talent, dénué de toute intelligence, sans organe, sans diction, enfin vrai gibier des tréteaux des remparts. Mademoiselle le Prieur pourrait plus aisément trouver un engagement dans une troupe de province. Il est au moins des rôles dans les pieces de Moliere, de Dancourt, & de Regnard, où elle ne ferait pas deplacée. Mais le fieur Baulieu oferait-il feulement retourner d'où il vient ? (1) Bas dans fon débit, n'a-t-il pas l'air d'un énergumene quand il veut paraitre éloquent ? Boucher ferait donc le feul qui pourrait tirer parti de fes difpofitions; car pour Baroto, depuis qu'il eft forti de deffus les planches de Nicolet, a-t-il prouvé un feul inftant qu'il fût capable de dire un rôle ?

Voilà donc les acteurs qui veulent faire la loi, qui prétendent avoir des vingt mille livres d'appointemens.

Le magiftrat integre, qui veille à tout ce qui concerne la police, a, dit-on, arrêté ces meffieurs dans leurs vaftes projets, parce qu'il ne fouffre point tout ce qui a trait à la brigue & à la cabale. N'aurait-il pas été plus fage de les punir en les laiffant partir ? Dans trois mois ils auroient été en proie aux remords; dans trois mois, ils fe croiront encore quelque chofe.

Un habitant de Rome avait inftruit des corbeaux & des pies à faluer Augufte lors de fon retour de la bataille d'Actium, en

[1] Il était garçon au caffé *Marie*.

lui criant : *ave, Cæsar*, *Victor*, *Imperator*! Chacun sait que ce même adulateur ayant appris à d'autres corbeaux à dire : *Ave*, *Victor*, *Imperator*, *Antoni*, pour mettre sur le passage d'Antoine, s'il fût revenu victorieux, les tua dès qu'on apprit sa défaite. Que j'aurais été charmé de voir au retour de Jeannot, tous les Jeannonistes, non éprouver le même sort que ces corbeaux ; mais rester confus au récit de la mésaventure de leur histrion favori.

La petite Dubuisson qui jouait encore aux Variétés, il y a quatre mois, les rôles de Jeannette, se montre aujourd'hui dans un équipage élégant, aux promenades les plus brillantes ; elle est entretenue par le duc de C . . . . .

Tous les souffleurs des spectacles ne s'occupent qu'à mal faire. Celui d'Audinot, comme on l'a vu, fit contre lui une épigramme sanglante. Virion autre souffleur d'Audinot, part & lui emmene à Bruxelles la petite Binot, les sieurs Mauger & Vernet. Le premier était venu de Bordeaux pour jouer les Arlequins à ce théatre, à la place du petit Moreau, (1) dont j'ai déjà parlé dans la pre-

[1] Ce petit *Lilliputien* qui végétait *aux Variétés*, depuis trois ans, où il gagnait 1200 livres, vient de profiter de la désertion du petit *Mauger* pour prier Audinot de le reprendre.

miere édition, a l'article d'Audinot; Vernet eſt un enfant des *Eleves de l'Opéra*. Audinot laiſſera donc aller toujours ſes meilleurs ſujets! Il ne les traitera donc jamais aſſez honnêtement pour ſe les conſerver! Qu'il ſe conſole pourtant; dans quelques années cette perte ſera réparée: mesdemoiſelles Rouſſeau, Fiatte, Julie & Simonet ſont prêtes à bien faire, c'eſt-à-dire, à faire chacune un enfant. Manette Rouſſeau s'eſt fait faire le ſien par Magneu, cet officier dont j'ai déjà parlé: Fiatte par Bordier: Julie [1] par Marie garde de la Connétablie; & Simonet par Audinot. *Les tendres meres! Les dignes époux!*

Mais voilà une perte irréparable pour Mr. B..... des Parties caſuelles, qui allait alternativement careſſer les petits joujoux de la petite Binot & de deux autres petites danſeuſes de chez Audinot. Les charmes de la mere de Binot ſont depuis long-tems à la diſcrétion de M. B..... & par reconnaiſ-

[1] Elle vient de quitter le ſpectacle d'Audinot, pour vivre excluſſivement de ſon petit *bien*. Elle jouait avec beaucoup d'intelligence le rôle de Dorothée dans la pantomine de ce nom. Audinot a pris la demoiſelle Riviere, croyant qu'elle pourrait remplacer Julie. Médard Audinot ſpécule toujours comme cela; mais il ſe trompe ſouvent. Il vient de ſe tromper bien lourdement, en laiſſant aller Bordier, la roſe de ſon théatre, au bois de Boulogne, & en feſant jouer ſes rôles par un acteur arrivé tout exprès de Toulouſe pour être hué ſur le Boulevard. Audinot aurait, je penſe, beſoin de quelques bains froids.

fance, elle lui laiſſe contempler de plus jeunes appas. Cette bonne mere ſuit l'exemple des Chinois, qui permettent aux parens de vendre leurs filles. Il eſt vrai, quà la Chine l'objet de cette vente vient de la trop grande population; mais doit-on y regarder de ſi près ?

Revenons aux deux danſeuſes dont j'ai parlé ci-deſſus, nommées Tabreze, d'environ onze ans chacune, & qui ſervent auſſi aux plaiſirs de M. B . . . . . Leur jeune âge ſurprendra peut-être; mais ſe rappellant la jouiſſance du financier, on ne ſera plus étonné qu'il préfere le tendre bouton à la roſe épanouie. Au ſurplus on ne peut diſputer des goûts ni des couleurs. Chacun cherche ſon plaiſir où il croit le trouver. Varron avait remarqué dans ſon livre de la philoſophie, qu'il pouvait y avoir deux cents quatre-vingt huit ſentimens différens ſur ce qui regarde l'eſſence du bonheur.

J'ai ſurpris un jour M. B. . . . . ſortant de chez les jeunes Tabreze; il eut beau me tourner le dos & ſe cacher le nez dans ſon chapeau, je le reçonnus bien; de même que les courtiſans de Guillaume III. découvrirent qu'un patriote venait d'avoir un entretien très ſecret avec leur roi, par ce qu'en deſcendant par un eſcalier dérobé, un ſac qu'il portait ſous ſon bras ſe creva, & laiſſa tomber quelques guinées qui firent du bruit. L'amour-propre de ce financier à toujours porter ſon cordon bleu, m'empêcha de m'y méprendre.

Avant que M. B..... eût ces petites danſeuſes, il entretenait la jeune Maſſon (ſœur de celle qui était chez Audinot & qui eſt maintenant aux Italiens [1]) dans un appartement fort brillant, rue Mêlée, vis-à-vis le nouveau bâtiment de l'Opéra. Mais M. B..... n'eſt pas heureux en femmes conſtantes: bientôt un de ſes intimes amis lui confia qu'on le trompait. M. B..... n'en voulut rien croire. Son ami, plein de zele pour ſon front, le convainquit en faiſant cacher M. B..... & écrivant à la mere Maſſon de ſe rendre chez lui à l'inſtant pour prendre le déjeûner qu'elle avait déjà pris pluſieurs fois avec ſa fille chez ce même monſieur, pour la ſomme modique de 12 livres le billet & reçu. La mere Maſſon fait vite lever ſa fille, la coiffe, la bichonne, lui recommande de

[1] Où elle s'eſt fait faire un petit poupon, dont elle eſt groſſe de quatre mois.

ſoutenir avantageuſement ſa tête, de retirer ſes hanches, de faire belle croupe, & d'avancer la ceinture. La petite promet d'obſerver la leçon; le fiacre arrête à la porte de l'ami de M. B..... Nos deux femelles en deſcendent Dart Dart, montent l'eſcalier quatre à quatre; les voici annoncées & parvenues dans le cabinet ſecret. On déjeûne; la mere prudente ſe retire, & l'ami de M. B..... fait voir en un inſtant à ſon ami, combien cette petite fille eſt aimable & complaiſante dans le particulier. M. B..... ſort furieux du cabinet, anathématiſe & la fille & la mere, promet de ne jamais les revoir, & il a tenu ſa parole.

Souvien-toi qu'il n'eſt point de roſes ſans épines.

On peut, je crois, aſſimiler le ſpectacle de l'Opéra à ceux des Boulevards, puiſqu'il eſt venu s'inſtaller ſur le terrein des Bateleurs. On aſſure pourtant que pluſieurs des premiers ſujets ont mieux aimé ſe retirer, que d'être les voiſins de vils ſarceurs. Il ſe peut que certains d'entr'eux ſe ſoient oubliés en ce moment, mais il en eſt vraiment qui ne ſont pas faits pour cette aſſociation. Quant à la salle, quelques amateurs en ce genre se sont récriés sur le mesquin du frontispice & de l'entrée, sur tous ces petits trous de lucarnes qui déparent la façade, & lui ôtent cet air majestueux qui convient au premier théatre de la Nation, sur la petitesse du Parterre, & sur quelques loges dans lesquelles on ne peut rien voir; mais à l'exception de ces légers défauts, & qu'il était bien difficile d'éviter, vu le peu de tems qu'on avait pour bâtir cette salle, elle justifie bien la haute idée qu'on avait des talens de M. le Noir.

Si la chronique dit vrai, on affirme que le jeune Vestris veut se retirer, ou il prétend qu'on lui donne 20000 liv. d'appointemens. C'est une contribution. Cependant il faut considérer les talens de cet inimitable danseur. D'ailleurs si l'Opéra ne lui accorde pas sa demande, il faut que, comme Nicolet, il mette sa danse à bas. Au reste nous en serons, je crois, quittes pour la peur; tout s'arrangera, puis qu'on prétend que les premiers sujets de ce théatre viennent encore de réussir à faire remercier leur directeur pour régir eux-mêmes. Si cette nouvelle est vraie, *tant pis*.

Mais il ne faut pas dire tout ce qu'on fait

en un jour, a dit Juvénal ; ainſi j'en reſterai-là pour ce moment. Je vous garde, mon cher & féal Lecteur, nombre de petites anecdotes curieuſes & piquantes, dont je vous ferai part dans un ouvrage que je vais mettre ſous preſſe, intitulé : *On peut tout dire, ſi l'on dit vrai.* Alors, ainſi que dans cette *affreuſe diatribe.*

Je parlerai, Lecteur, avec la liberté
D'un Quaker, qui ne ſait farder la vérité.

TABLE

DES CHAPITRES

Fin de la Table.

ERRATA.

Page 18, ligne 1. boutiqne, *lisez* boutique.

29, lisez au titre & ailleurs : *Spectacle des Eleves pour la danse de l'Opéra.*

31, lig. 15. ce te, *lisez* : cette.

32, lig. 16. & autre part, italienne, *lisez* Italienne.

53, lig. 8. qu'on fait *lisez* : qu'ont fait.

67, lig. 22 e'est, *lisez* : c'est.

72, lig. 16. tout, *lisez* : tous.

75, lig. 7. pout, *lisez* pour.

77, lig. derniere, seconde, *lisez* : troisieme.

86, vers 15, viens, *lisez* : vien.

105, lig. 6, qu'à pension, *lisez* qu'à la pension.

113, Vers antépénultieme, *lisez* : Las de persécuter.

Idem, note, *lisez* : acteur des Variétés.

116, lig. 4, *lisez* : mais le génie a toujours.

Idem, note, lig. 3, *lisez* : l'aréopage femelle des Italiens se ligua.

118, lig. 18, d'E ébore, *lisez* : d'ellébore.

121, lig. 21, derniere & ailleurs, *lisez* : Lecteur.

122, lig. 15, personnels, & physiques, *lisez* : personnels & physiques.

Idem, lig. 18, *lisez* : (Lecteur excusez-moi la comparaison.)

123, lig. 1, & autre-part : Jannot, *lisez* : Jeannot.

Idem, note, *lisez* : le visage de travers.

125, *lisez* : Chap. XXVII,

126, lig. 7, Malther, *lisez* : Malter.

Idem, derniere lig. du texte, *lisez* : son cher Labussiere.

127, lig. 4, catulle, *lisez* : Catulle.

128, vers 2, *lisez* : Comme un sage vit à la ville ; Qui goûtez.

Idem, vers 6, *lisez* : sont sûrs.

Idem, vers pénultieme &c. *lisez* : Comte, en ce jour, Comte aimable.

129, vers 27, *lisez* : en assez galante posture.

Idem, dernier vers : *lisez* : quand il forma l'humaine engeance.

134, lig. 11. obtient, *lisez* : obtint.

137, lig. 5. *lisez* : qu'on a tondus & peints

139, lig. 16, *lisez* : Je vous menerais bien, benoit Lecteur.

www.ingramcontent.com/pod-product-compliance
Ingram Content Group UK Ltd.
Pitfield, Milton Keynes, MK11 3LW, UK
UKHW020250180726
13839UKWH00001B/277

9 782329 251257